労働社会学者・河西宏祐と労働者の共同性

：「生活者としての労働者」の理論

松永伸太朗・永田大輔　著

東信堂

目次／労働社会学者・河西宏祐と労働者の共同性：「生活者としての労働者」の理論

労働社会学者・河西宏祐と労働者の共同性：「生活者としての労働者」の理論

第1章　日本の労働社会学が直面する課題と河西宏祐

1-1　はじめに

筆者の松永（本書は共著であるが、この節のエピソードのみ一人称で松永の視点から記述する）は、日本のアニメ産業のなかでフリーランスとして働くアニメーターの働き方について二〇一三年頃から研究してきた。学部生時代から労働社会学を学ぶゼミに所属してきたが、アニメーターという研究対象を扱って何の意味があるのかと問われるたびにその説得的な説明に苦慮していた。筆者が研究を始めた時期は、ブラック企業問題や〈やりがい〉の搾取といった問題が世間的にも浸透しはじめ、アニメーターという対象についても二〇〇九年に業界団体による実態調査が公開されたことによってその労働環境が明らかにされた時期とも重なっていた。このようななかでアニメーターの労働問題を研究することの説明は容易に思われるかもしれないが、実際にはそうではなかった。

その理由は、今から振り返れば、対象そのものの問題というよりも、私が調査をすることで搾取されるアニメーターを描きたいのではなく、アニメーターが自らの置かれた労働条件のなかでどのように働き続けているのかという問題を扱いたかったことによると思われる。後に、労働に対する搾取的な見方自体についても理論上・実践上の疑問を持つようになるのだが、労働社会学の議論のなかで、労働者が不安定に見える状況の中で働き続けるという問題を説明する議論は少なくとも主流ではなかったのである。

このことが不思議だったのは、アニメーターと同じように低い労働条件のもとで働いている労働者の研究自体は盛んに行われていたからである。たとえば、ノンエリート青年研究という題目で、非正規雇用に一定の主体性をもって従事する若者を扱う研究があった(中西・高山編 二〇〇九)。就業形態としては請負などの雇用されない働き方を扱う不安定就業研究にも蓄積があった(戸室 二〇一一; 伍賀 二〇一四)。こうした研究のなかでは不安定な仕事に従事する労働者の実態が詳細に描かれており、それは私自身も目指していたものではあったのが、搾取があるにもかかわらずいかにして労働者が働き続けるのかという問題についての見通しを得ることができなかった。搾取的な見方の重要性は理解しつつも、そうした見方はフィールドワークのなかで出会うアニメーターが語る職業観やキャリア展望を適切に表現したものとはどうしても感じられなかった。もちろんアニメーターも不安定な労働条件に直面していたが、語りからは労働者としての主体性が存在していることも感じられた。もともとアニメ産業だけに関心があったわけではなかったこともあり、自分自身の研究をフリーランス労働の研究として位置づけていくことになるのだが、それでもこの違和感が拭われることはなかった。

今から考えれば、当時フリーランサーが全体の7割程度を占めていたアニメーターをフリーランス労働の一例として研究することは、労働研究の考え方として真っ先に出てきてもよいようにも思える。しかし、この考え方に至るには、研究をはじめてから数年を要した。ひとまず、雇用労働とは異なる働き方であることの重要性は理解していたのだが、実際にある先行研究は自営業や請負労働といったカテゴリーを中心に展開されていて、実際にはこのなかにフリーランサーといえる人も含まれていたはずなのだが、当時の個人的な努力ではフリーランスというカテゴリーが最も適切らしいことに気付くことができなかったのである。

上記のような個人的に苦労した経験は、研究者としての能力不足にも起因するとも思うが、それ以上に労働社会学という分野が何を明らかにする分野であり、労働社会学にとって重要な研究対象や視点とは何であり、労働社会学者が円滑に研究をするためにはどのような制度や環境が必要なのかといった事柄が、十分に整理されないまま展開してきてしまったことにも原因があるのではないか、と後々考えるようになっていった。こうした問題の背景として、労働社会学という分野を築いてきた先人がどのような視点のもとにこの分野を推進してきたのか、それぞれの研究者が置かれた時代や環境のなかでどのように学問に取り組んできたのかを知ることができるような書籍が乏しいということがあるように思われた。

このような漠然とした違和感を抱えながら私は、二〇一五年から労働政策研究・研修機構（ＪＩＬＰＴ）のアシスタントフェローとして研究補助を行う非常勤職員として働いていた。ＪＩＬＰＴは労働政策の形成に資する調査研究を行う研究所であり、労働研究関係の書籍を多数所蔵している図書館を有している。二〇一八年初頭、勤務の合間に図書館を覗いているときに、「労働社会学五〇年」という二冊に別れた冊子の背表紙が目に入った。労働社会学という分野を長期的に眺められるような書籍は全く知らなかったので、思わず手に取ったところ、その著者には河西宏祐とあった。中身を見てみると、河西宏祐という人物の幼少期から労働社会学者として過ごしてきたキャリアに至るまでが、本人の語りとして掲載されていた。

内容よりも、著者名を目にして驚きを覚えた記憶がある。河西宏祐は、私がこの自伝を手にする一年前の二〇一七年に亡くなっていた。河西は生前、早稲田大学の退官後も定期的に研究会を開いており、河西と縁のある研究者やゼミ生などが研究発表をしていた。私の指導教員の西野史子先生もそのメンバーの一人であり、実は二〇一五年に私自身が指導教員の紹介で発表したことがあったのである。修士論文をもとに、初めて日本社会学会で発表する内容だった。大変恥ずかしいことに、その当時私は河西宏祐という人物について何となく偉い先生なのだろうくらいの印象しか持っていなかった。この研究会はそのあと二回実施したのちしばらく連絡がこなくなり、日本労働社会学会のメーリングリストを通して河西の訃報が届いたのが二〇一七年七月のことである。その後、河西と縁の深い研究者等を集めてその年の一二月に「河西宏祐先生の思い出を語る会」が開かれ、私もそれに参加していたのである。

これから本書で論じていくが、河西宏祐という人物は日本の労働社会学についての教科書も出版していて、研究者の育成にも意欲的に取り組んでいた人物だった。だからこそ私のような経験のない院生でも研究会に受け入れられていたわけである。要するに、私は自分は自身が抱える研究上の不安を解消できるような考えをもった人物と直接の接点を与えられながら、その人物から学ぶことができなかった。そのことを自伝を見つけた図書館で痛切に感じたのである。

本書は、河西宏祐の議論を中心に学史と理論の両方を展開した内容となっている。この両者は、一般にはどちらかだけを論じるのも大変な作業であるし、それだけで書籍として成り立つことも事実である。しかし、本書はあえて両者を並列させた構成としている。それは、上記のような筆者が直面していた問題があり、河西宏祐について実際に学び直してみたところ、まさに労働社会学という学問の歩みや、学問として抱える課題や考え方を改めて窺い知ることができたからである。本書はそのプロセスを含めて提示することに意味があると考えている。本書では、労働社会学者河西がどのような問題に取り組み・調査を行ってきたのかの再検討を行うことで、彼が達した労働社会学の到達点を示すことで、現在起こっている労働社会学と労働問題の状況を踏まえた労働社会学の新たな視点を提示することを目的とするものである。

本書では、労働社会学者・河西宏祐の議論の再検討を中心とし、日本の労働社会学の到達点の整理と今後の展開可能性の検討を行う。

1―2　本書の問題意識

1―2―1　労働者の共同性と労働社会学

本書の冒頭で示したようなエピソードは松永の個人的なエピソードであると同時に労働研究の中でも特に労働社会学が直面している困難を指し示すものでもある。そうした課題はいくつかの個人化というワーディングのもと整理することができる。それではそもそもなぜ個人化が労働社会学では問題になるのか。そのためには労働社会学が「共同性」を当初から重要な研究対象としていたことを踏まえる必要がある。

労働社会学のどこをその起点とするかは難しいが、国内の労働社会学で古典とされてきた業績はいくつかある。そこでは例えば労働社会学は、働きながら生活を営む人々（労働者）が形成する規範を共有する共同性（尾高）に着目したり、その共同性が労働者内の階層性を生むことなどを主に質的な社会調査に基づいて明らかにしてきた。まず、その二人の問題設定を振り返りたい。

尾高は一九四九年に「産業社会学の課題：特にアメリカにおけるその発展を中心として」という論文を発表し、アメリカで発展していた人間関係論に立脚する「産業社会学」を評価し、日本の職場における働く人々の共同性を捉える枠組みとして導入する意義を論じている（尾高 一九四九）。その後一九四九年一二月から渡米したのち、一九五三年に『産業社会における人間関係の科学』を出版し、職場や工場における人間関係のあり方を追及する学問として、日本における産業社会学を構想した。尾高のいう産業社会学のポイントは、ホーソン実験などで明らかにされたとされる工場内でのインフォーマルな人間関係の重要性に刺激を受け、労働者が職場で形成している共同性に着目したことにある。こうした問題設定のうえで、尾高は主にアンケートを中心として社会調査を行い、日本の特徴として労働者が企業と労働組合の双方に対して高い忠誠心を有することにあるとしてそれを「二重帰属意識」と呼んだ。園田薫によれば、こうした尾高の研究プロジェクトは、「日本の産業社会に見られる関係のあり方が日本的であるのかを問い、日本的経営に代表される企業の経営や労務管理を分析することで、ミクロな人間関係からマクロな社会構造までを把握しようと努めている」(園田 二〇二三：四二)と特徴づけられるという。

これに対して尾高の指導を受けながら、より労働意識の問題に焦点を合わせて労働調査と研究を行ったのが松島である。松島は、『労働社会学序説』(一九五一年)の中で、尾高による、労働者が形成している共同性に着目するという問題設定には賛同しつつ、その共同性が同時に階層性を内包している階層性にも着目する必要があると主張する。さらに、こうした分断は表面的に単純な質問から抽出することは困難であり、質的な調査方法によって、労働者の意識を深層にまで分け入って検討されなければならないとする。こうした問題意識のもと、松島は雇用労働者と農業従事者の労働者意識の比較を行った。その結果前者は金銭的に豊かで安定性が高いにもかかわらず、土地などの寄る辺がないために強い不安を抱えていること等が明らかにされた。また、鉱山労働者が形成する疑似家族的な生活共同体を起源に持つ形で発展した自助組織である「友子」の検討から、その封建性を解明する研究を進めていった(松島 一九五一)。一九六〇年代以降は、労務管理の研究を展開していくことになる(松島 一九六二)。

このように労働社会学は労働者の共同性を問題にしてきた。共同性というときに、職場の同僚との人間関係といった側面と、管理者と労働者といった側面がそれぞれ着目されてきたが、近年はいずれの側面にしても労働をめぐる共同性のあり方があいまいになっており、ゆらぎが見られるようになっている。労働社会学の現状の困難はその揺らぎの延長線上にある。

こうした揺らぎと関連して、日本における労働組合をめぐる変化とそれに対応した研究動向の変化がある。詳細は第4章において論じるが、基本的な流れは主な関心が従来は企業別労働組合に置かれていたところから、二〇〇〇年代頃から企業へのメンバーシップ以外の部分に連帯の基盤を置く新しい労働者組織に重点を移していったと整理することができる。この変化は、労働者が主体性を発揮できる場を探ろうとする労働者社会学者の関心と、労働者の個人化という研究対象側の変化の絡み合いから生じたものだったといえる。河西もこうした変化には二〇〇〇年代に入る以前から着目していた。河西（一九九八）は正規雇用者を中心とした日本の企業別労働組合が組織率の低下に直面している一方で、パートタイマーや派遣労働者などの従来の正規雇用者以外の労働者を対象とし、企業を超えた組織化の枠組みをもつ「新型労働組合」が台頭していることに言及していた。その中で管理職や女性労働者を対象とする個人加盟ユニオンの存在に着目していた。

だが、そもそも労働争議などに限られない形で労働者の個人化が進行しつつある。その一つの代表的な事例がフリーランサーの働き方に関する研究である。たとえばバンドマン（野村 二〇二三）や建築士（松村 二〇二〇）等様々な労働者に対する事例研究が蓄積されてきている。しかし、労働社会学で蓄積しつつあるこうした個別の研究を含みこんだ形でその意義の再定式化が進められる必要があるのである。こういった研究では、対象となる人々をそもそも労働者として扱うのか、あるいは当事者自身が自らを労働者とみなしているのかどうか自体が論点となるのである。

労働者の個人化が促進される一要因に第二次産業から第三次産業への変化(ポスト工業化)が存在し、雇用労働への影響が論じられてきた(藤田 二〇〇八)。こうした動向に伴う一つの変化が、雇用の流動化である。カレバーグ(Kalleberg 2000)は安定的な雇用保証を欠いた「非標準的労働編成」の増加を論じている。また、ピンク(Pink 2001= ピンク 二〇〇二)は、ポスト工業化に伴い生まれた新たな職種の多くが個人請負によって担われていることを指摘している。これらは労働社会学が従来対象としてきた労働者の共同性をゆるがすとともに、労働者の個人化ももたらすことになる。しかし、こうした労働者の共同性のゆらぎや個人化を適切に捉える視点は、十分に議論されてきたとはいえない。

1-2-2　労働社会学の直面する「個人化」

労働者の個人化を捉える視点の不在は研究者の再生産にも問題をもたらしている。労働者組織を研究対象とすることが自明とはなくなるなかで、労働社会学は現在アイデンティティのゆらぎに直面している。労働者が個人化しているとしても、あくまで個別の仕事の研究を行うことはできる。しかしその研究がどういった意味で労働社会学として位置づけられるかを議論するときに、労働者組織との関連性に触れるのが難しくなっている。別の理論的な視点を確立する必要があるのだが、どのような視点を確立しなければならないのかが十分に検討されてこなかったのである。こうした状況のなかでは、研究者は個別の職業や職場の研究を理論的視点を欠いた形で進めるほかなく、結果として個別の対象を超えた知見を蓄積することは困難になる。言い換えれば労働社会学は労働者組織を扱う研究以外のアイデンティティを十分に打ち立てられなかった部分があり、それゆえ現在一貫した形で労働社会学の教育を行うことが難しく、大規模製造業など研究蓄積の豊富な対象以外の個別の仕事の研究にかかわる研究者が、自らの研究を労働社会学といえるのかどうかわからないといった状況が作り出されていたのである。

表面的にはその労働社会学の問題は研究者の個人化、すなわち労働社会学の再生産の経路の不透明化と連結したものとなる。学問的なフィールドを持つこと自体は従来から個人の選択でなされることは多い。その選択された領域を「労働社会学的な研究」だというためには、従来の研究対象とずれた対象を取り扱った際にも、一貫した分析的視点を担保できるような理論的な基礎づけを必要とする。「慣例的に」同じプログラムを教え続けることの限界が来ざるを得ないのである。

それでは労働現象を取り扱う社会学的な研究が従来の対象からずれ始めざるを得なかったのはなぜだろうか。そのずれは社会全体の労働現象の変化と関連する。上記の教育プログラムの限界は、労働者の組織化がなされにくくなったという問題と、労働者自身の経験の個人化という自体に要約することができる。労働者の組織化がなされにくくなることはそのまま労働社会学の社会科学としての知の還元先の一領域が曖昧になることに繋がる。その知見の還元先が曖昧になることで何を調査するべきかのコンセンサスが弱まることになり、集団調査の慣行は弱まっていくことに繋がり、個々が異なるフィールドを持つことに繋がっていく。そのため、なおさら労働社会学の基礎づけがなくては再生産の回路を維持していくことが難しくなるのである。

それでは上記のような労働社会学の問題状況の中で労働社会学の現状をどのような方向性で考えていけばいいのだろうか。労働社会学はそもそも労働研究を構成する社会科学の一分野であるという側面と、社会学を構成する連字符社会学の一分野であるという側面がある。労働現象を取り扱う社会学は、社会学の一分野としてだけでなく、しばしば労働現象を扱う様々な社会科学の一分野として位置づけられてきた。この分野で近年出版されてきた教科書である小川慎一ほか（二〇一五）の序章では「産業・労働社会学と労働研究の隣接領域との関係」として、経済学・経営学・心理学・法学・政治学とそれぞれの社会学が関係を持っているとされている（小川 二〇一五）。このように労働研究は学際的なものであるが、共通して国内で重要な関心が払われてきたのは「日本的」な経営や労働のあり方についてであった。この問題設定は「日本的経営」という語とともに長らく議論されてきた。日本的経営は理念型的には①長期雇用②年功賃金③企業別組合という三つの要素を持つとされる（経済協力開発機構編 一九七二）。労働研究の重要な関心事の一つは労働社会学という学知の方向性をめぐってこうした日本的経営についていかにして評価すべきかという点であった。例えば小池和男（一九七七）は、日本の長期雇用がもたらす柔軟な人員配置とそれによる熟練のあり方が生産現場における変化への柔軟な対応を可能にしており、日本の製造業の生産性の源泉となっていると論じていた。一方で熊沢誠(一九七六)は、日本的経営のもとにおかれた労働者は小池が賞賛したような柔軟な人員配置の結果、労働者がどこまでも自らの職務の範囲を拡大する激しい競争に巻き込まれていることを批判した。このような日本的経営を基礎とした問題設定は、一方で前述した事情の中で揺らぎつつある。

ここで考えておくべきなのは、実際には労働社会学は職場での賃労働のみに限られない働くことに関する現象を扱う際には「労働をめぐる社会科学」のなかでの労働社会学だけではなく、「社会学の一分野」としての労働社会学という側面に目を向ける必要があるということだ[1]。社会学内部では地域社会学・家族社会学・教育社会学などで労働社会学と隣接する研究がなされている。しかし、現状はこうしたその他の連字符社会学と労働社会学の知見には距離が生まれていることがある。その接続を再度考えるために振り返るのが河西宏祐の業績である。

1―3　本書の視点

1―3―1　視点としてのリサーチ・ヘリテージ

労働社会学の研究は、経済学などの他の社会科学における労働研究と同じく、労働調査を行うことを一つの軸にしてきた。労働をめぐっては常に新しい働き方などの現象が登場する以上、今後も調査を軸にした研究が展開されていくと考えられる。加えて、社会学における労働研究の黎明期に尾高や松島が調査を経て労働者の共同性に理論的な対象を定めていったことからもわかるように、理論的な対象が労働者組織になることも自明ではない。今後の労働調査が、どのような社会学的対象と結びつけて理解されるべきなのかについて、今見直すべき時期に来ているのである。

こういった見直しを行うにあたって、本書で主に扱う河西宏祐の議論は適切な対象である。河西宏祐も労働組合研究を行ったという意味では労働者組織に理論的な対象を定めた論者の一人ではあるが、そこで扱ったのはよく研究されてきた企業における多数派を占める組合ではなく、企業内に組合員が少ない少数派の組合であった。この研究対象の設定は、労働組合研究の対象設定として特異なものであった。しかし河西は、少数派労働組合への地道な調査を通じて、その対象の特異性にもかかわらず労働社会学全体に適用できるような理論的視点を確立していった。現代においては、労働社会学が理論的に着目するべき対象は少数派組合ではないかもしれないが、河西がどのようにして調査を理論的な知見に昇華させていったのかについては、大いに参考にする余地がある。

研究対象が多様化したことにより、研究対象が拡散し、調査研究が積み重ねることによる学問的な蓄積が見えにくいという状態に労働社会学が陥っている。この一因に新しい事例への調査がこれまでの学問的伝統とどう接続するかへの反省が軽視されている点に特徴がある。だが、一方で労働社会学は社会調査に他の労働研究の中でのアイデンティティを見出してきたところがある。

そこで参考になるのがリサーチ・ヘリテージという視点である。調査が社会をどのようにまなざし、捉えようとしたのかということを当時の限定性を踏まえつつリサーチ・ヘリテージ、すなわち調査の「遺産」として引き継ごうとするスローガンとプロジェクトの端緒については小林(二〇一八)に見られる。そこで社会調査の師である貝田から「社会調査を理解するために社会調査者としての社会学者の自伝を知るという『社会調査者のライフヒストリー』を重視する」(前掲書：三)ことを引き合いに出すことが述べられる。調査をとりまとめた結果としての理論だけでなく、それがいかなる社会調査から構成されたのかを見る視点の重要性にこうした議論は繋がることになる。

その際に注目するのが本書での主要な資料の一つとする冒頭の河西の自伝的テキストである。研究者目線の生活史と行った達成との関連を読み取るという議論は、中野卓などの業績をはじめとして社会学では継続的に行われてきた(中野 一九八一)。こうした個人の自伝は客観的な学史としてだけ記述をする上では必ずしも適切なものではない。だが、学会の設立等に関する人間関係や個人が学問の立場をどのように考えていたのかという学術書・学術論文に直接残りにくい点に関して、私史的に振り返った自伝的テキストに着目し論じることは分析上有益である。

しかし、同時にその河西の視点を議論する上でも、自伝的なテキストにのみ依拠することには限界がある。彼自身が立つ議論の前提が、周辺の議論とどのような関係にあるのかという点は補いつつ議論する必要がある。さらに、そうした記述は河西の人生史の中で記述されるという性質上、一貫した物語として語られるが、その分本人が意図していない学問的達成が評価されにくいという限界がある。

また河西の業績は労働社会学の理論的な問題設定とも強く関係している。次項ではその意義づけ英米の社会学理論との接続可能性があることから論じる。

1―3―2　英米圏の労働社会学との接続

現在の労働社会学的な研究の中で雇用によらない労働に関する実証的な研究が蓄積しつつあることは前述したが、こうした労働は英米圏でどのように議論されているのだろうか。その特徴の一つとして特定の労働のあり方を与件におかないことで、労働の自明性を問い返す点がある。職場を相対化した形での議論が雇用によらない労働を考えるうえで重要である。

そうした職場を前提としない労働では、多様な働き方が存在し、それとともに労働者の生活の多様性が問題となる。たとえば第5章でも後述するが、雇用によらない労働ではその働き方は労働者がいかなる生活を営んでいるのかによって多様な仕方で規定される。いわゆる内職のような形で家計補助的に働いている者、本業の傍らで副業を営んでいる者、専業のフリーランサーなどが存在し、いずれも生活に対する労働の位置づけが異なる。専業のなかでも、特定企業に「専属」する労働者もいれば、複数の企業から業務委託を受けるものも存在する。そこでは直接の業務以外にも時間を割く必要が生じ、「労働」として経験されることもある。さらに、いわゆる賃労働には属さない家事労働などが、当事者にとって労働として経験されることも考えられるだろう。こうした考察に基づくと、雇用によらない労働のなかには雇用契約の存在しない請負労働はもちろん、賃労働ではない家事労働なども含まれることになる。雇用にならない労働はまずもってこうした広範なカテゴリーとなるが、そのなかで個別の労働がどのように位置づけを持つのかについては、経験的な記述に基づいて明らかにされる必要がある。

本書の第5章では、そうした経験的既述を行ううえで参考になる議論としてミリアム・グラックスマンの枠組みを参照している。グラックスマンは、一九三〇年代のイギリスにおける女性労働において、さまざまな種類の有償労働と家庭内労働とがいかなる形で接合されていたのかを解明するために、「労働をめぐる全社会的組織化(Total Social Orgnaisation of Labour: TSOL)」という概念を提示している(Glucksmann 2000= グラックスマン二〇一四:二七)。ある状況では「働く」活動とみなされることが、別の状況では「働く」活動とみなされないことに着目し、このように実際には曖昧な「労働」という活動をいかに定義できるかという問題を提起している。グラックスマンは後に論文集『新しい労働社会学?』(Pettinger et al. 2005)の編者を務め、一般に公的領域における活動とされる労働にも私的領域についての考察が必要であることを広く示唆している。公的領域と私的領域を接続して論じる志向はより近年の労働社会学でも強まっており、たとえばアラコヴスカは経済的に不安定な働き方ながら将来への希望を保って職業生活を送るアーティストなどを対象として、そうした人々にとって家族関係や地域社会との関係などが重要な役割を果たしていることを指摘している(Alacovska 2019)。

グラックスマンの枠組みは、こうした多様に経験されうる労働のあり方に対して、生活という視点に着目してアプローチすることが目指されている。

1-3-3　河西宏祐と「生活」

生活者に注目するのが現代の労働社会学を考えるうえで重要な視点となりうる可能性は就業形態の多様化やワークライフバランスの問題化などといった事例からもわかる。本書で注目する河西はまさにその労働者の生活を重要な問題として考えてきたのである。河西は「電産型賃金体系」と呼ばれる賃金体系に注目し、特にその賃金の正当化の資源として「生活給」を用いていることをその特徴としている。そしてその賃金は電産型賃金体系に限ったものではなく、「賃金体系のなかから〈生活賃金〉の部分を排除することは不可能であり、賃金をめぐる労使関係は、永遠に〈生活賃金〉と〈能力賃金〉のバランスをめぐる抗争ともいうことができる」（河西 一九九九）と指摘する。生活給か能力給かという選択は二者択一的なものではなく、どのように組み合わせをするか自体が労働者にとって大きな関心事でありうるのである。そこで河西の仕事は、そうした賃金体系の組み合わせがどのように決定するかを公式の労使関係から非公式の相互関係、そして労使それぞれの内部の社会過程を把握することによって跡付けることにおかれている。

彼の仕事は生活給と能力給の関係性それ自体を当事者の課題として捉えるという視点には、社会学として二つの利点が存在する。第一に、生活給という視点が不可避であることを保持することで、社会学独自の賃金へのアプローチが可能になることである。賃金を把握するうえで、生活という視点が前提として含みこまれていることは、労働研究における他分野では実はあまり見られない。[2] したがって、生活給という要素を不可欠なものとして捉えることは、社会学の独自の視点を打ち立てるうえできわめて重要なものである。

第二の点は、賃金に生活給が不可欠であり、かつ能力給との組み合わせが当事者にとっての課題であるという視点を取ったとき、賃金の記述それ自体が労働者の生活や価値観の把握に繋がるということである。賃金は労働問題について扱う際の最重要トピックの一つであるため、ある職業や企業の平均年収等を見てそれだけをもってその良し悪しを我々は判断してしまいがちである。生活給という視点を踏まえたとき、きわめて短期間で離職してしまう場合をのぞいて外部からみて低賃金であってもその水準で再生産可能な生活を労働者が営んでいる可能性が常に存在する。そうした労働者について当事者の論理を把握していくことは個人化が進行しているとみなされる社会における労働世界の広がりを捉えるうえで重要だろう。加えて、生活給と能力給の組み合わせという視点は金額上同じ賃金であってもそこには多様な意味づけが存在しうることを示唆している。たとえば額面上は低賃金であっても、あくまでそれらは当事者にとっては自らの能力によって獲得されている場合もある（松永二〇一七）。

このように個人化した労働者にとっての生活という題材を考えるうえで河西の議論は重要な問題を提起していることがわかる。しかし、河西の時代よりもその個人化はより深刻なものとなっている。そうした課題を乗り越えるためにも河西の仕事をどう引き継ぐかどうかを考える必要があるだろう。

本書では第2章で河西がどのような労働調査の中で自らのキャリアを立ち上げていったのかについてその他の隣接する学知との関連から論じる。第3章で河西の主要な業績から彼がどのような学問的な達成を行ったのかを明らかにする。第4章では河西の議論が現在の労働問題状況を考えるうえでどのような可能性を有する議論であるのかを論じる。第5章では河西の議論を現在行われている英米などをはじめとした労働研究やその他の社会学的な研究とどのような接続があるのかについて論じる。第6章では本書の内容をまとめ、本書の知見がもつ労働社会学研究への意義について議論する。

注

1　本書の執筆と並行しつつ同様の問題意識で編集した論文集として松永・園田・中川編（二〇二二）がある。この書籍では、企業研究・労働者研究・理論・学説研究の三つの視点から社会学の一分野としての産業・労働社会学の可能性について検討している。本書と合わせて参照されたい。

2　例外的に、労使関係論においては生活給に言及する議論も見られる。例えば、自動車製造企業の賃金決定を労使関係論の立場から考察した西村（二〇二二）は、企業が支払う賞与に生活給の発想が定着しており、それが賞与の安定性を維持している側面があると指摘している。

第2章　河西宏祐と労働社会学

2－1　労働社会学と日本的経営論

2－1－1　労働社会学の固有性の揺らぎと「日本的経営論」

河西宏祐(一九四二－二〇一七)は、日本労働社会学会の設立者の一人であり、実質的に初期の同学会とその前身となる「労働社会学研究会」を主導していた社会学者である。本章は、彼の『労働社会学五〇年――私の歩んだ道』(二冊組。以下、それぞれ『前篇』(河西二〇一六a)、『後篇』(河西二〇一六b)と略記)という自伝的テキストについて、特に労働社会学という学問を強く制度化しようとする議論に着目し、関連文献などを参照しつつその含意を検討する。そうすることで、労働社会学という学知の学問的背景と、それが本来もっていた可能性の一つを検討する。

労働現象に関する社会学[1]は、社会学の下位領域というだけでなく、しばしば労働現象を取り扱うさまざまな社会科学の一分野として位置づけられてきた。この分野で近年出版された教科書である小川慎一ほか(二〇一五)の序章では、「産業・労働社会学と労働研究の隣接領域との関係」として、経済学・経営学・心理学・法学・政治学とそれぞれ社会学が関係を持っているとされている(小川二〇一五)。

このように労働研究は学際的なものであるが、共通して国内で重要な関心が払われてきたのは「日本的」な経営や労働のあり方についてである。この問題設定は、「日本的経営」という語とともに長らく議論されてきた[2]。日本的経営は、理念型的には、①長期雇用、②年功賃金、③企業別組合という三つの要素を持つとされる(経済協力開発機構編一九七二)。

労働研究者の重要な関心事の一つは、こうした日本的経営をいかにして評価すべきかという点であった。例えば小池和男(一九七七)は、日本の長期雇用がもたらす柔軟な人員配置とそれによる熟練のあり方が生産現場における変化への柔軟な対応を可能にしており、日本の製造業の生産性の源泉となっていると論じた。一方で熊沢誠(一九七六)は、日本的経営のもとに置かれた労働者は小池が賞賛したような柔軟な人員配置の結果、労働者がどこまでも自らの職務の範囲を拡大する激しい競争に巻きこまれていることを批判した。

さらに、そもそも日本的経営が時代状況によって維持されているのか、それともはや別のシステムに変容したのかという論点も重要視されてきた。近年では、伊原亮司(二〇一七)がトヨタと日産を対象に、根強い日本的経営とそれに対する労働者の不断の抵抗を描いている。一方で、非正規雇用の増大等を背景として、日本的経営のゆらぎを指摘し、それまで周辺として位置づけられてきた労働者（非正規雇用労働者・独立自営業者・若年労働者・女性・外国人など）に焦点を当てる研究も二〇〇〇年代以降に現れている。こうした傾向を象徴するものとして、二〇一〇〜二〇一一年にかけて社会学者によって編集された、全五巻の『労働再審』（大月書店）シリーズがある[3]。この評価と変化の論点は、相互に関連することもある。

こうした研究群は、日本的経営というトピックを基底に据えているという点で共通しており、労働現象に関する社会学も同様の関心を有し調査研究を展開してきた[4]（小川二〇〇六）。しかし、こうした議論の中で、個々の研究がたとえば産業社会学に属するのか、それとも労働社会学に属するのかといった論点はほとんど問われることがなかった。このことと関連して、日本的経営という問題に取り組む中で、労働現象に関する個々の社会学はアイデンティティを曖昧化させていったのである。これは、前述した小川ほか（二〇一五）の最新の教科書のタイトルが『産業・労働社会学』という形で、産業社会学と労働社会学を区別していないことにも現れている。こうした状況の中で労働現象に関する個々の社会学のアイデンティティは、どのようなものであったのか。この問題を考えることは、労働をめぐる個別の連字符社会学がいかに成立し、変遷していったのかを考えることでもあり、労働を準拠点とした社会学史を考えるうえで重要である。本章では、そのうち労働社会学に着目し、それを制度化しようとした河西の労働調査や研究上の位置取りがどのようになされていったのかを明らかにする。

河西は、労働現象に関する社会学の中でも、あえて労働社会学という名称を用いることに一貫してこだわってきた論者である。以下でみるように、労働を研究対象とする社会科学は多数あり、社会学の中に限っても産業社会学・職業社会学・経済社会学・経営社会学などの数多くの関連分野が存在している。河西は、自身が執筆した教科書で労働研究に対して八つもの分類を行っていることからもわかるように、こうした乱立状況に対して自覚的であった(Mouer and Kawanishi 2005 =河西・マオア 二〇〇六)。そうしたなかでなぜ河西は労働社会学という名称を用い続け、かつ学会設立という形で制度化を行っていったのだろうか。河西よりも以前から労働社会学を標榜し調査研究に従事していた社会学者として松島静雄(一九五一)がいるが、少なくとも学会設立という形では、松島は学問の制度化を行っていくことはなかった。こうした点でも、あえて制度化に取り組んだ河西に着目することは、日本における労働社会学史を理解するうえで重要である。

以下でも確認するように、河西は労働組合を対象とした質的調査に基づくモノグラフ的研究に取り組み、功績を残してきた研究者である。こうしたことからも、河西の調査研究と労働社会学の制度化活動には関連性を見いだすことができるが、その内実はこれまで考察されることがなかった。

そうした内実を明らかにすることは、河西の学問的位置づけと、そして労働社会学という学知の固有性の両方を再考することに貢献する。次節では労働研究が伝統的に取り扱ってきた研究主題の一つである「日本的経営」という主題と河西の立ち位置を説明し、本章の問題設定を明確化する。

2-1-2 河西宏祐にとっての「日本的経営論」

河西は、『日本の労働社会学』の中で、一九七〇年代頃から広がる「日本的経営賛美論」に対する批判的意識を強く有していたことを回顧的に述べている（河西二〇〇一）。他ならぬ河西が労働組合を研究対象としていたのも、それが日本的経営の主たる要素の一つであるためであった。つまり、他の労働研究者と同様、河西も日本的経営をいかに評価するかという問題に強く関与していた。

この点は、後の労働研究者からも、河西の研究を特徴付けるものとして取り上げられている。鈴木玲（二〇〇〇）は、一九八〇年代以降の主要な労働研究（主に経済学・社会学）のレビューを行い、その多くが日本的経営の要素を肯定的に評価するものであり、それに対して河西は一貫してそうした「賛美論」は「職場労働者生活」を無視したイデオロギー論だとして批判しており、この河西の批判は未だに乗り越えられていないと指摘している。

この鈴木の指摘は、河西の独自性を特徴付ける一つの方向性を示している。しかし、日本的経営賛美論との関係性に焦点化して賛美論への反対者として河西を捉える仕方では、彼がいかにして労働社会学の独自性を確立させようとしたのかが見えてこない。河西の議論において着目すべきなのは、日本的経営賛美論に対する反論が、労働組合に対する実態調査を通して行われたことである。鈴木が着目しなかった点としてこの調査研究との内実との関係がある。河西の問題意識の出発点として日本的経営が重要であったことは確かであるが、それのみを労働社会学の自律性の基盤に据えることには危険を伴う。なぜなら、研究の知見を支える労働調査を特定の方向性のみに限定してしまうためである。自動車産業を事例とすれば日本的経営の根強さが語られ、若年非正規労働者を事例とすればその揺らぎが語られるというように、選択される対象によって、維持・変容のいずれを指摘するかの方向性が予め定まってしまうという傾向が既存研究にはある。日本的経営という主題を設定することで、調査設計の段階で知見が先取りされてしまう可能性が生じてしまっているのである。これは、労働社会学研究の多くが労働調査に基づいて行われることを考えると問題となりうる。しかし、調査がなされる以上、その調査に固有の知見が存在するはずであり、そうした知見の意義は、日本的経営との関わりとは別に評価をすることが可能なはずである。

このように個々の調査に根ざした形でその知見を検討することで、個々の研究の学的な達成を別様の仕方で捉えることができるのではないか。そこで本章では、河西の学的達成の軌跡を追い、河西の評価を日本的経営における文脈から切り離して労働社会学的な価値に再焦点化することを試みる。こうした作業は近年において労働組合組織率が低下しており、労働組合を調査する意義が見えにくくなっている今だからこそ、重要である。検討すべきは、河西が労働組合調査を通して、どのような学的達成を成し遂げたのか、という点である。

たしかに河西は日本的経営賛美論批判から労働組合調査を行っており、それは河西自身の研究書からも十分知ることができる。しかし、本章が取り扱う自伝的テキストでは、そうした調査から得た知見が、労働社会学という学知の独自性を確立するものでもあったことが振りかえられている。とりわけ、自伝的テキストからは、その独自性が、河西が自身を取りまく人間関係や学問的状況のもとで選択をしていったことによって形成されたことがみえてくる。本章ではそうした自伝的テキストに依拠しつつ、河西がいかにして労働社会学固有の問いを定式化したのかについて論じていく。

本章の構成は以下の通りである。2節では、本章で用いる自伝的テキストをもとに河西の生活史を紹介し、本章で資料として着目する点を論じる。３節では、河西による労働社会学制度化の活動に着目する。具体的には彼が日本労働社会学会を設立した経緯と、それに際して自らの出自も含めてどのような学問の伝統から自己の立ち位置を引き継いで形成しようとしていたのかを論じる。４節では、そうした制度化の背景にあった河西自身の学問的貢献を説明する。その中でも彼自身がどのような調査に携わっていたのかという点と、いかにそうした調査の中で労働組合という研究対象を選んだかということ、そして河西の議論が持っていた意義と可能性を議論する。５節では、本章のまとめとして河西の議論の限界と今後の展開可能性を論じる。

２―２　本章で用いる資料と分析の視点

本章が主要な資料とするのは、二〇一六年に『労働社会学五〇年――私の歩んだ道』というタイトルで、自らの幼少期から最後の勤務先であった早稲田大学退職後までを振りかえる前後篇の自伝的なテキストである（河西二〇一六a；二〇一六b）。同書は河西が還暦を迎えた際と早稲田大学を定年退職した際に実施された座談会をもとに河西自身が執筆したもので、二〇一九年一月現在労働政策研究・研修機構、東京大学社会科学研究所・千葉大学の三ヵ所に加えて国立国会図書館にのみ所蔵されている。

この自伝的テキストでは、河西の人生の時系列に沿って構成されている。時期構成は、「高校卒業まで」（第Ⅰ期：一九四二～六一年）「学部生時代」（第Ⅱ期：六一～六五年）、「会社員時代」（第Ⅲ期：六五～六七年）、「大学院生・助手時代」

（第Ⅳ・Ⅴ期：六七～七三年）、「千葉大学時代」（第Ⅵ～Ⅷ期：七四～九八年）、「早稲田大学時代」（第Ⅸ・Ⅹ期：一九九八～二〇一三年）となっている。

本章の前提となる河西の生い立ち・経歴は同書によると以下のようになる。河西は一九四二年、小学校教員を営む両親の四男として神戸市に生まれた。神戸で高校時代までを過ごした河西は、高校三年の頃にベストセラーとなっていた清水幾太郎の『社会学入門』（一九五九年）に熱中して、大学で社会学を学ぼうと志した。父親が早期退職しており、私立大学への進学が困難だった河西は、社会学講座が設置されている数少ない国立大学であった東京教育大学へと進学した。大学時代は学生運動に取り組み、卒業論文では技術革新による日本的経営の崩壊を論じた。大学院進学を目指したが、卒業論文の口頭諮問で指導教官の間宏の問いかけに答えられず、挫折を経験する。その後、東京電力で二年の会社員生活を送ったのち東京教育大学大学院を再び受験した。大学院入学を果たした河西は運動からは距離を置き、間のもとで勉学に励むが、修士二年の時に始まった筑波への移転反対闘争に巻きこまれ、過去の運動経験からそこで主要な役割を果たすことになる。このような運動とのかかわりが河西の研究を生涯にわたって方向付けていく[5]。河西は、東電での二年間の時期も、学生運動に関わっていたために職場で窓際族に追いやられ、日本的経営の根強さへの確信を強めることになった。これもまた、河西が研究者の道に進む重要なきっかけの一つであった。

こうした生活史的な背景を重要な前提としつつ、本章では河西が研究者としての道を歩み始める、大学院生時代以降を検討の対象とする。

研究者自身の生活史と行った達成との関連を捉えるという議論は、中野卓以来社会学では継続的に行われてきた（中野 一九八一）。こうした個人の自伝は客観的な学史としてだけ記述する上では必ずしも適切なものではない[6]。だが、学会の設立等に関する人間関係や個人が学問の立場をどのように考えていたのかという学術書・学術論文に直接残りにくい点に関して、私史的に振り返った自伝的テキストに着目し論じることは分析上有益である。

しかし、同時にその河西の視点を議論する上でも、自伝的なテキストにのみ依拠することには限界がある。彼自身が立つ議論の前提が、周辺の議論とどのような関係にあるのかという点は補いつつ議論する必要がある。さらに、そうした記述は河西の人生史の中で記述されるという性質上、一貫した物語として語られるが、その分本人が意図してない学問的達成についての評価がなされにくい。

特に注意が必要なのは、本章にとって重要な論点である調査に関して、自伝的テキストではそれを本人がどのように経験したのかという観点から語られるが、そこでは実際に行われた調査がどのようなものであったのかが後景に退く点である。学史として引き継ぐべきなのは、その調査がどのような限定性のもとにあり、どのような「認識を生産」（佐藤 二〇一二）していったのかである[7]。そのためには、自伝的テキストだけではなく、その調査の結果執筆された著作も検討する必要がある。そうした点で本章では、この自伝と既存の著作を合わせて検討することによって、河西の労働社会学の学問的背景を捉えなおすことを試みる。

2-3 「労働社会学」の制度化をめぐる河西の活動

2-3-1 労働社会学研究者の組織化

河西は一九八〇年代初頭から、後の日本労働社会学会設立につながる活動を牽引していた。河西がそうした活動に取り組まなければならなかった理由は二つ挙げられる。一つは、1節で論じた日本的経営賛美論への対抗という文脈である。もう一つは、社会学において理論研究が主流化しており、実証研究、とりわけ労働研究の伝統が消滅するのではないかという危機感が挙げられる(『後篇』八一)。

河西が千葉大学で教鞭をとっていた一九八〇年代には労働社会学分野の研究者が散り散りになってしまっており、「労働社会学の研究者がどこに存在するのかさえ皆目わからず」(河西 二〇〇一:一六〇)という状況だったという。河西が院生〜助手時代までは、基本的に東京大学と東京教育大学において、労働現象に関する社会学の研究蓄積が集中していた(この点は次節で詳しく論じる)。しかし、この時期には東京教育大学の筑波移転や東京大学を拠点としていた社会学者の異動[8]などがあった。こうした変化によって、東京大学や東京教育大学への集中という状況は徐々に崩れていくことになる。

河西は、こうした状況を受け、当時早稲田大学に異動していた間に相談し、炭鉱労働史を研究していた田中直樹(一九四三—、慶應大学大学院出身、当時日本大学に所属)・上田修(一九五〇—、当時間ゼミの院生、後に桃山学院大学)を紹介される。その河西・田中・上田の三人で一九八二年に「労働社会学研究会」を組織した。労働社会学研究会は徐々に規模を拡大し、鎌田とし子（一九二九―、北海道大学卒業、当時東京女子大学教授）の加入後、世話人河西、事務局鎌田の布陣で会員数を拡大し、地方からの参加者も増加し、一九八八年には会員数が一〇〇名以上になり、学会（日本労働社会学会）に改組された。

この研究会拡大から学会設立までの過程については、自伝的テキストのほか、『日本の労働社会学』第七章に詳細がまとめられている。その過程における加入者には東京大学にルーツをもたない研究者が多く、河西と同様、労働社会学の研究基盤を模索する研究者が各地に散らばっていたことが伺える[9]。

学会の前身となる初回の「労働社会学研究会」（一九八二年四月一六日）では、上田が「戦後初期の労働社会学――松島労働社会学について」と題する報告を行った（河西 二〇〇一：一六〇―一六二）。上田論文は、松島の研究業績を概観し、後期に至るほど労務管理寄りの研究になり、当初の目論見だった労働者意識の把握から問題がずれていってしまったことを指摘している（上田 一九八三）。この労働者意識への着目は河西が定式化する労働社会学の研究プログラムとの関わりが深いが、その内実を理解するには松島をはじめとする労働分野の社会学者の議論を整理しておく必要がある。次項ではその点を確認したい。

2-3-2　河西における「労働社会学」という語の選択の意味

労働現象を取り扱う社会学的研究にさまざまな呼称があることはすでに述べた。また、社会学以外の分野（主に経済学・経営学）による呼称も含めれば、さらに多岐にわたる（Mouer and Kawanishi 2005＝河西・マオア 二〇〇六：

三九)。同一研究者がキャリアの中で自らの研究の呼称を変更することも少なくない。

河西は、そうした社会学内外における労働研究が乱立している状況にあって、自らの研究分野を一貫して「労働社会学」と特徴付けてきた。本節では社会学の内部で行われてきた議論を労働研究の呼称に関する議論をふりかえり、河西の主張の意味を確認したい。

日本の社会学分野で労働を対象としたまとまった著作を最初に著したのは、尾高邦雄である。尾高は、一九四一年に『職業社会学』を著している。尾高にとって職業とは、社会と個人とをつなぎ、全体社会の存続と個人の生活を可能にするものであり、その意味で社会学的探究の対象であった。

尾高は一九四九年一二月から渡米し、そこでアメリカで流行していた人間関係論の影響を受け、一九五〇年代以降、自らの研究領域を「産業社会学」として定式化することになる(園田 二〇一八)。一九五三年に『産業における人間関係の科学』を出版し、職場や工場における人間関係のあり方を追求する学問として、産業社会学を定式化した。尾高が定式化した産業社会学のポイントは、ホーソン実験における工場内でのインフォーマルな人間関係の重要性の発見に刺激を受け、労働者が職場で形成している共同性に着目するという点である。こうした問題設定のうえで、尾高は主にアンケートを中心とした社会調査を遂行し、日本における労働者の「二重帰属意識」(労働者が企業と労働組合の両方に対して高い忠誠心を有していること)などを明らかにした(尾高 一九六五)。園田薫によれば、こうした尾高の研究プロジェクトは、「日本の産業社会に見られる関係のあり方が日本的であるのかを問い、日本的経営に代表される企業の経営や労務管理を分析することで、ミクロな人間関係からマクロな社会構造までを把握しようと努めている」(園田二〇二三：四二)と特徴づけられる。

　これに対して、尾高の指導を受けながら[10]、より労働者意識の問題に焦点を合わせて労働調査研究を展開していったのが松島である。松島は、『労働社会学序説』(一九五一年)の中で、尾高による労働者が形成している共同性に照準するという問題設定には賛同しつつ、その共同性が同時に内包している階層性にも着目する必要があると主張する。さらに、こうした階層性は、質的な調査方法によって、労働者の意識を深層にまで立ち入って検討されなければならないとする。こうした問題意識のもと、松島は雇用労働者と農業従事者の労働者意識を比較し、前者は金銭的には豊かであるにもかかわらず土地などの寄る辺がないために強い不安を抱えていることや、鉱山労働者が形成する疑似家族的組織である「友子」の検討から、その封建性を解明する研究を進めていった(松島一九五二)。一九六〇年代以降は、労務管理の研究を展開していくことになる(松島一九六二)。

　河西が自らの研究領域を「労働社会学」と呼ぶときには、明らかに松島の諸研究への意識が存在する。そのことは、河西が後に立ち上げる「労働社会学研究会」の初期に、松島の諸業績と問題点を検討していることからもわかる(河西二〇〇一)。

　河西の松島に対する共感的な態度は、有賀社会学の系譜とも関連する。松島は有賀喜左衛門が東京大学に非常勤講師として招かれていた際の教え子の一人であり、本人も「有賀社会学の弟子」を自称していた(『前篇』七九)。その有賀喜左衛門の直系の弟子であり、河西の指導教員でもあったのが間である。間は、松島の指導も受けており、東京教育大学院生時代には東京大学社会学のメンバーが中心になって実施された佐久間ダム調査にも同行し、報告書も共同執筆している（北川・松島・間 一九五八）。また、松島の一九六二年における著作『労務管理の日本的特質と変遷』に収録されているいくつかの調査は、松島と間が共同で実施したものである。
河西は間の海外留学時（一九六八年）に松島のもとで指導を受けている（『前篇』七九）。その際の交流もあってか、河西は松島については尾高社会学よりも有賀社会学の系譜に位置づく人物であるという理解を有していた[11]。

私は、松島先生は日本における「労働社会学」の創始者だという評価をしている。松島先生は大学院から助教授の頃にかけて、「労働社会学」の構想を一生懸命出しておられる。それらのお仕事をずっとフォローしていくと、松島先生は東京大学社会学研究室の中にあっても、実は有賀先生の方に帰属意識をもっておられたことがよくわかる（『前篇』七九―八〇）。

ただし、河西が松島のいう「労働社会学」をそのまま引き継いだのかについては、留保が必要である。河西は『日本の労働社会学』で労働社会学の定式化を試みる際に、間（一九七五）が社会学における労働研究の区分として提案していた経営社会学／労働社会学／労使関係論という区分を採用すると述べている（河西 二〇〇一）。
間が提唱したこの区分は、尾高が提唱し、当時一定の勢力を有していた「産業社会学」という領域が、具体的に何を対象とした領域であるのかが不明確だとする批判を通して提案されたものである。間は、個々の領域社会学の名称が「法社会学」「経済社会学」など、社会の機能領域ごとに設定されていることを鑑み、企業の事業運営や人事務管理等を扱う社会学を「経営社会学」、労働者意識や従業員組織等の問題を扱う社会学を「労働社会学」として別個に扱い、そのうえで両者の接点を扱う領域を「労使関係論」と呼ぶべきだと主張した。そのうえで、労使関係論の研究は経営社会学と労働社会学が充分な蓄積をしたうえで初めて有効となる[12]ことを指摘し、当時の水準では労働社会学に属する研究がまだ不足しているとした。なお、間自身は日本の労務管理史に関する重厚な歴史研究を行ったことで知られるが、自身の主要な仕事については「経営社会学」と特徴付けている（間一九六四）。

河西が主張する労働社会学は、まずは間の区分に則ったものである。松島のいう労働社会学は、大枠では尾高の問題設定に賛同したものであったため、必ずしも対象を労働に限定したものではなかった。それに対して河西の問題設定は対象をあらかじめ労働に限定化している。

こうした問題設定は、河西自身が自らの調査対象として労働組合を選択してきたことと整合的である。だが、河西が労働組合調査の中で具体的にどのような点に焦点を当てていたのかについては、検討の余地がある。次節ではこの点に着目し、河西の労働組合調査と労働社会学研究の関係性について明らかにする。

2-4　労働調査に根ざした労働社会学研究の構築

2-4-1　博士学位取得までの河西の労働調査

河西が労働組合調査を継続的に行ってきたことはここまでも触れた。このことの背景には、まずは「ひたすら労働組合の研究をしたい、というのが大学院に入った理由である」(『後篇』八一)という個人的な関心もあるだろう。しかし、そこには調査研究から練り上げられた理論的な関心も認めることができる。河西が関わった労働調査は多岐にわたるが、ここでは河西の理論的主著である一九八一年の『企業別組合の実態』に結実するまでの三つの労働調査を中心に検討したい。

河西が最初に携わった調査は、間とロナルド・ドーアを中心として実施された日英の労使関係比較調査(日本における調査は一九六七―六九年)である。間は電機産業担当になっており、当時東京教育大学の大学院生であった河西は、調査実習の一環として日立製作所と八幡製鉄所への調査に参加している。調査対象は、それぞれの企業における経営側と組合側を調査するというものであった。経営側については間を中心としたが、組合側については間の指示によって河西が単独で行うことになった。対象は組合本部・工場支部・分会・班であり、上部組織から順に調査がなされた。また、この実習の中で、農村調査での面接記録の整理法を間から学んだことが自伝的テキストでは振り返られている(『前篇』九四)。

日立労組の調査において河西はテーマを間から全て委ねられていた。河西自身は、左派の戦闘化した労働運動の拠点として有名な日立労組の職場活動を把握したいという関心があったが、実際にみえてきたのは、そうした労組ですら、職場組織は苦情吸収機関となっており、経営機関の補完物と化しているという点であった(『前篇』九五)。この調査結果は、修士論文「企業別組合の実証的研究」にまとめられた。一部は「企業別組合の『経営内的機能』と職場集団」(一九七〇年)として、社会学評論に掲載されている。

博士課程に進学した河西は、電産（日本電気産業労働組合）中国支部における調査の機会を得る（一九七〇〜七三年）。大学院進学前は東京電力の社員だった河西は、そもそも進学の動機は電産の研究をしたいというものだったという（『前篇』一一五）。電産は一九五六年に解散したと言われていたが、総評（日本労働組合総評議会）加盟組合の中に電産の名前を偶然見つけ、電産中国の米原博人副委員長と総評大会で出会い、存続の事実を知った。電産中国は、中国電力において少数派組合として存続していたのである。河西は、この「少数派としての存続条件」に関心をもち、米原副委員長に協力を仰ぎ、組合員への聞き取りや、機関誌の収集、組合が独自に実施したアンケートの収集などを行っている。なお、この調査では労務課長への聞き取りは実施したが、経営側からの十分な協力は得られなかった（河西一九八一）。この成果は河西の最初の単著である『少数派労働組合運動論』にまとめられた（河西一九七七）。

次に関わるのがゼネラル石油精製（合併を経て、二〇一九年現在は（株）ＪＸＴＧエネルギー）労働組合（ゼネ石精労組）の調査である。この調査は一九七三〜一九七九年にかけて行われるが、この途中の一九七四年に河西は千葉大学に助教授として迎えられている。ゼネ石精労組も少数派組合である。調査では組合役員や組合員に対する聞き取りだけでなく、会議の傍聴・デモや集会への参加・社宅や独身寮への訪問などの参与観察も行われた。この調査結果は、日立調査・電産中国調査とともに、『企業別組合の実態』[13]（一九八一年）として出版されている。

2-4-2　河西の研究プログラムと組合という対象

以上のように河西の調査研究はもっぱら労働組合を対象としたものであった。ここで重要なのは、労働組合を対象とした調査研究から、河西が労働社会学の枠組みを徐々に形成していったということである[14]。

日立労組調査は、河西自身が選択した調査対象ではなかったが、左派労働運動の拠点として知られる労働組合の実態を捉えるうえでは河西にとって重要な機会であった。上述のようにそこで河西が見出したのは、そうした労働組合ですら、経営に資する機能(経営内的機能)しか果たしていないということである。この知見は、明示されてはいないものの、河西に対して多数派組合への不満を抱かせるものであったと考えられる。

次に河西が従事する電産中国調査では、少数派が存続する条件を探るという問いから、電産中国労組が経営内的機能だけではなく、経営に資するわけではないが構成員の生活等に資する機能(経営外的機能)を有することを発見した。経営外的機能は、経済学者は通常着目しないものであった。なぜなら、経済学者の労働組合に対する関心は、賃金交渉を通じての賃上げなど、企業経営に直接関連する活動の内実にあるためである。

ゼネ石精労組もまた少数派組合であり、その調査では経営外的機能が維持されるための条件が問題であった。そこで労働者自身が形成し、経営への抵抗とそれからの自立を可能にする「労働者文化」の重要性を見いだしている(河西一九八一)。

経営に依存するのではなく、労働者が自らの手で自らのための組織を形成するという点では、労働組合はそれが第二組合[15]でない限りは「労働者文化」を体現する理念型的な組織となりうるものの一つである。それがいかにして形成・維持されたのかという問いが、河西が自身のプロジェクトとして取り組んだ内容である。

ゼネ石精労組調査は、河西の調査法に関する関心が伺える調査でもある。河西はこのゼネ石精労組調査の機会に有賀社会学が得意とする参与観察法調査を経験してみることを期待していたという(『後篇』二八)。この調査を通して、組合員が「従業員文化」に対する「労働者文化」を形成しており、労働組合が労働者の「全生活過程」にかかわる存在となっていたことを見いだした。これによって、経済学者が有する、労働組合はもっぱら企業内にのみ関わる組織であるという理解とは異なる労働者世界を描くことができた。河西はこれを「社会学における労働者研究・労働組合研究の端緒を掴んだという手応えを感じていた」(『後篇』二九)と振り返っている。このようにして、河西は自身の携わった労働組合への調査研究から労働社会学における研究プログラムを見出した。そのポイントは、「労働者文化」の形成・維持はいかにして可能かという問いである[16]。これを通して、経済学とは異なる労働者・労働者組織像を描き出そうとしたのだ。

2-4-3　河西労働社会学の社会学的意義

河西の労働社会学のプログラムは、①質的調査法の重視、②労働者文化の解明という問題設定の二点で特徴づけが可能である。それぞれについて確認したい。

まず、質的調査法の重視である。労働社会学は、人間を直接の探究対象とし[17]、個々の労働者の「当事者の論理」を捉えることが重要だとし、そのために質的調査(主に聞き取りと参与観察)の採用が望ましいとされた。こうした点は、松島の主張と類似しているが、同時代に勢力を有していた産業社会学への批判的視点が含まれていた。河西は、一九七九年に、産業社会学が計量的研究に偏重していることを「アンケート主義」と呼び、その傾向を批判する論考を発表している(河西[一九七九]二〇〇一:一七―三八)。

この論文の趣旨は、〝若手産業社会学者は、松島・間・北川などの実態調査の伝統を継承して、もっと対象に肉迫した研究に取り組もうではないか〟というものである。その頃、「輸入主義」と「アンケート主義」の流行に押されて、産業社会学における実証研究の伝統は〝風前のともしび〟といった状態であった。若手研究者の間からもっと実証研究が出てくるべきだと、普段思っていたことを一気に書いたのである。

この論文がまたまた物議をかもして、産業社会学者のなかで大いに顰蹙を買った。とくにアンケート派からの反発はもの凄かった。さすがに「河西は言い過ぎだ」と思われたのか、その後、間先生や北川隆吉先生もアンケート派を少し擁護するような文章を書いておられたと記憶している(『後篇』五一)。

現に、河西の同世代で産業社会学に従事していた論者として稲上毅がいたが、稲上は河西とほぼ同様に、労働者意識の把握の重要性を主張する論考を一九七四年の時点で発表している(稲上 一九七四)。表面上の問題設定は類似しているにもかかわらず、なぜ河西はアンケートを用いる産業社会学に対して批判的であったのか。これは論理的な問題というよりは、河西が引き継ごうとしていた学問的な伝統に関わる問題であった可能性もある。河西はアンケート主義批判を執筆したことを回顧する中で、以下のように述べていた。

自分としては、松島静雄・北川隆吉・間宏の諸先生が培ってこられた、日本の労働社会学の実態調査の伝統を絶やしてはならないという使命感をもっていたのである。あれぐらい思い切ったことを書かなければ、若手研究者が「アンケート主義」の呪縛から解放されることはないだろうという思いがあった（『後篇』五二）。

このように河西がアンケート主義批判を展開するのは、同時期に隆盛を誇っていた産業社会学への対抗意識があったためであると考えられる。

とはいえ河西が質的調査を重視したのは、産業社会学との党派的関係だけではなく、彼自身が実証研究の中で捉えようとしていたものの違いによるところが大きい。河西が捉えようとしていたのは、少数派組合が経営内的機能だけではなく経営外的機能を有することによって存続を可能としていたこと、そしてそうした機能をもたらす、労働者自身の形成する「労働者文化」の可能性である。河西によれば、労働者文化とは「人的結合関係、生活習慣、行動様式、心性（意識）などにおいて、独得の「労働者らしさ」を自律的につくりだしているものを意味している」（河西 一九八一：三三五）ものであり、企業が形成しようとする「従業員文化」とは対抗的な関係にある（河西 一九八一：三三五）。つまり、労働者文化という概念における主眼は、職場等における秩序を、経営側ではなく、当の労働者達自身が形成することができているかどうかという点に当てられている[18]。

重要なのは、こうした労働者文化という概念は、河西が研究の当初から理論的に持っていたものではなく、前節で取り上げた自らの労働調査の中で見いだされ、練り上げられたものだということだ。自伝的テキストの中でも、河西は以下のように述べている。

三つの調査を並べた場合、日立調査がちょっと異質だが、ゼネ石精労組調査（それから広電支部調査も加えれば）というのは、労働組合の内的論理、および「労働者文化」を扱っているということで連続しつつ発展している（『後篇』四二）。

例えばゼネ石精労組調査においては、少数派に陥った第一組合が八年にもわたって職制や第二組合と闘争を続けた事例が取り上げられ、それがいかにして可能だったのかが探究課題とされた。経営との闘争過程で組合分裂を起こしたゼネ石精労組は、少数派に転落するだけでなく、組合員が不当な処分・配置転換を受けることになった。その中でも同労組は抵抗を続け、八年間の運動の後にそれらの不当な処分と配転をすべて撤回させ、企業に「和解金」の支払と「和解協定」の締結を行わせることに成功する。そうした不断の抵抗は、組合員が職制や第二組合への「怨念」に基づく強固な仲間意識を持ち、ギャンブルや旅行といった職場外の生活に至るまで共に活動し、独身寮を拠点とした強い連帯を形成していることに支えられていた。河西は、こうした労働者自身の手によって形成された共同性が、単に資本に支配されるのではない職場秩序の形成において重要であることを、その経験的調査の中から見いだしたのである。

こうした河西の労働者文化への視点は、労働現象に関する他の社会学や、労働研究とも関連していた。まず前者との関係では、労働者の形成する共同性という論点は尾高以来労働現象に関する社会学が共通してもっていた視点であった。河西と同時期に、稲上(一九八一)も、日本社会の労働者意識を把握するという関心のもと、電機労働者の企業への帰属意識や動労(国鉄動力車労働組合)の強力な「庫コミュニティ」の存在を明らかにしつつ、そうした共同性の変容を示唆していた。後者との関係では、津田真澂(一九八一)が社会学的な枠組みを援用しながら、企業が全体社会を支える主要な共同体となっていくことを「現代経営としての共同生活体」という表現で定式化していた。

だが、それぞれが共同体に着目するのは、稲上であれば日本社会のあり方を捉えるためであり、津田であれば企業社会における社会成員の居場所などを議論するためであった。それに対して河西が共同体を通して捉えようとしたのは労働者文化であり、それゆえその共同体が当の労働者自身が形成したものなのか、その秩序のあり方を握っているのは労働者自身なのかどうかが、河西にとって重要な論点であったといえる。実際には稲上も質的調査に従事しているし、津田も社会学者として位置づけることが十分可能な論者ではあるが、ここで重要なのは、河西において労働者文化は社会学的な質的調査によってこそ捉えることができる現象として把握されていた、という点である。河西にとっては、共同体の存在やその変容自体が重要なのではなく、それを作り上げる人間が有する論理が重要であり、それを捉えるうえで聞き取りから参与観察までを含む集中的な調査が必要だとされていた。つまり、河西の労働社会学において、労働者文化という理論的概念と質的調査という方法は不可分のものとして定式化されていた。このような点で、河西は労働者の共同性に対して他の論者と同様に着目しつつも、独自の仕方でそれを把握しようとしていた。こうした形で、河西は労働社会学のアイデンティティを確立しており、それは社会学外の労働研究とも接点を持つものだったのである。

2－5　ポスト労働組合における「労働者文化」

本章では、日本的経営論にこだわる形ではなく社会学独自の労働研究の問題設定を模索するという問題意識から、河西の議論や学会設立過程を考察してきた。日本的経営賛美論に対して強い批判的見解を有していた河西は、自ら労働調査を実施し、それに加えて研究者の組織化に取り組むことによって、自らの問題を練り上げていった。その結果として見いだされた「労働者文化」は、もはや日本的経営をめぐる問題から脱した問いに取り組むものになっていた。

こうした議論を引き受けて河西から学ぶことができるのは、やはり「労働者文化」への焦点化ということになるだろう。だが、その問題設定を今後発展させていくうえでは、考慮すべき課題がまだ存在する。

それは、河西自身が取り組んできた直接の対象は常に労働組合であったという点である。しかし、一九七〇年代以降には労働運動は衰退をたどり、二〇〇三年には労働組合組織率は二〇％を割り込むようになる。こうした傾向は、分野を問わず、労働研究者に労使関係への関心を失わせていった。例えば社会学分野で教育を受けた者の中には、経営学の一分野である人的資源管理理論に向かい、功績を残す者も現れた[19]。

同時に、本章1節で『労働再審』シリーズに言及しつつ述べたように、社会学の中では、それまでの製造業大企業の男性労働者ではなく、女性・非正規雇用労働者・外国人労働者などの、周辺労働として理解されていた労働者に関心がシフトしていくことになる。こうした周辺労働に位置する労働者は、そもそも労働組合がない企業で働いていたり、組合があっても組織化対象からは外されたりしていることが多い。

こうした労働組合をめぐる動向について、河西は無自覚であったわけでない。河西自身も日立調査の中で、当時戦闘的と言われていた労働組合ですら実態としては経営の補完組織になっていることを見いだしていた。それにもかかわらず、労働組合の衰退を前提とした労働研究や社会学における動向に対して、河西自身は自ら議論を立てることはなかった[20]。だが、労働組合が対象として魅力を減じているとしても、その経験的探究の主眼であった経営からの自立やそれへの抵抗を可能にする「労働者文化」の形成可能性の検討という課題自体の重要性は失われていない。むしろ、労使関係の個別化や雇用の流動化が進行する中では、いかにして労働者が自らの手で自律的な秩序を形成し、抵抗や改善の道を模索できるかという点は、現代社会における経営と労働の関係を考察するうえで重要性を増しているともいえるだろう。

河西の問題設定を受け継ぐうえで必要なのは、まず労働問題の多様化と労働者の個人化が進んでいることを踏まえ、あらかじめ連帯の形成に成功した集団ではなく、個人を対象とした枠組みを構想することである。つまり、労働組合がない企業の労働者や独立自営業者など、制度的な形での連帯が見えづらい対象において、労働者文化の形成可能性やその契機を模索していく視点を構想する必要がある。そうした枠組みを構想することで、労働組合という形式において営まれていた労働者文化と、新たに見いだされる労働者文化の比較が可能になる。そうした比較は、労働問題の多様化・労働者の個人化が著しい社会における労働者組織のあり方についても着想を与えるものになるだろう[21]。こうした方向性は、仮に労働組合を対象としていない場合[22]であっても、河西の知的貢献を継承し前進させるものになるのである。

注

1 労働を研究対象とする社会学には、労働社会学だけではなく、産業社会学をはじめとしたさまざまな名称がある。本章では、これらを総称する場合「労働現象に関する社会学」と呼び、個別の名称とは区別する。「労働研究」と記述する場合は、労働を研究対象とする、社会学に限られない社会科学全般を指すこととする。

2 近年では、「日本的雇用慣行」「日本的雇用システム」という術語が用いられることが多く、その異同にも議論の余地があるが、本章では「日本的経営」に統一する。

3 個々の巻のタイトルは以下である。第一巻『転換期の労働と「能力」』(本田由紀編)、第二巻『越境する労働と「移民」』(五十嵐泰正編)、第三巻『女性と労働』(藤原千紗・山田和代編)、第四巻『周縁労働力の移動と編成』(西澤晃彦編)、第五巻『ケア・協働・アンペイドワーク：揺らぐ労働の輪郭』(仁平典宏・山下順子編)。

4 松島静雄(一九一二—二〇〇七)や間宏(一九二九—二〇〇九)といった戦後の産業・労働社会学を牽引した社会学者は、日本の封建的な労働組織の後進性をたびたび主張していた(松島 一九五一；一九六二；間 一九六四)。一方で津田真澂は、こうした言論状況において、一九七六年に『日本的経営の擁護』(中央経済社)を著し、日本における企業は「共同生活体」となっており、勤労者と中心とした市民社会と資本主義経済を両立させるうえでの合理的な制度であることを論じている。

5 「このような時代状況のなかにあって、私自身は懸命に日本社会の「右傾化」に抵抗したいと考えていた。それを研究活動の面で実践することを自分に課していた。それが「蟷螂の斧」であることはもちろん自覚していたが、それが私自身の「筑波反対闘争」の「継続」だと思い定めていたのである」(『後篇』一六)。

6 自伝的なテキストである以上、そこには河西の生活史的な情報も含むが、本章の関心との関連からそうした生活史上の位置づけについては別稿を期することとしたい。

7　このように調査が社会をどのように「まなざし」捉えようとしたのかということを当時の限定性も踏まえつつ調査遺産として引き継ごうというプロジェクトの端緒に関しては小林（二〇一八）に見られる。そこで社会調査の師である甲田から「社会調査を理解するために社会調査者としての社会学者の自伝を知るという『社会調査者のライフヒストリー』を重視する」（同前二〇一八：iii）ことを引き継いだことが述べられている。

8　松島に次いで労働社会学を提唱した北川隆吉（一九二九―二〇一四）は、一九七八年に名古屋大学文学部に就任している。

9　反対に、産業社会学を冠した学会が設立されなかったのは、東京大学社会学における研究者の再生産が二〇〇〇年代初頭までは一定規模でなされていたからだといいうる。

10　『労働社会学序説』のまえがきで、尾高のもとで卒業論文をまとめたことに対する謝辞が述べられている。

11　こうした河西の理解の妥当性については議論の余地がある。松島は尾高の問題設定には賛同しているのであり、それを踏まえると松島を有賀社会学の系譜に位置づけるのは偏った理解である可能性もある。

12　東京大学社研グループの経済学者はしばしば自らの学問的立場を「労使関係論」と呼称しているため、ここには間の批判的な含意があった可能性もある。

13　同論文で、河西は一九八五年に名古屋大学から文学博士学位を授与されている。このときの主査は北川である（『後篇』四三）。

14　河西が明確に意識していたかは定かでないが、松島は労働組合を封建遺制を脱した近代的組織として肯定的に評価していた（松島一九五一）。

15　第二組合とは、もともと企業内に存在していた労働組合（第一組合）の勢力を衰退させるために、企業側が設置する、労使協調的な組合のことを指す。こうした組合の設置は、第一組合を少数派に転落させるための企業側の戦略としてよく用いられた。

16　労働研究において河西の主要な業績としておそらく最も広く知られるのは、「電産三部作」であろう（河西一九九二：一九九九：二〇〇七）。これらの著作では、「労働者文化」は積極的には用いられず、代わりに「当事者の論理」という術語が用いられる。そのため「労働者文化」の意義に着目している本章では三部作は取り上げなかったが、その記述を分析していくことによって、「労働者文化」の記述にいかなるバリエーションがあるかを考察していくことが期待できる。この検討には別稿が必要である。

17 こうした人間に着目するという視点は、尾高(一九六三)においても見られたものである。本章でもこれは重要な点であると考えるが、こうした「人間」を対象とする学であるということの意味や両者の異同には検討の余地がある。この点については別稿を期する。

18 熊沢(一九七六)も、「労働者社会」という語で、労働者自身による秩序形成の重要性を指摘している。河西と熊沢はその主張において並列的な関係にあったといえるが、自伝的テキストにおいて河西はほとんど言及をしていない。両者の異同については、さらなる検討が必要である。

19 代表的な研究者として、津田のほか、佐藤博樹や守島基博といった論者が挙げられる。これらの論者は、いずれも社会学的な視点を生かしつつ、人的資源管理論の分野での教科書の執筆にも関わっている(津田編 一九九三;佐藤・藤村・八代 一九九九;守島 二〇〇四)。

20 河西自身は、晩年は有賀喜左衛門の研究に取り組もうと考えていたようだ(二〇一七年一二月九日「河西宏祐先生の思い出を語る会」における鳥越皓之のスピーチより)。

21 労働者組織の構想を行っていくうえでは、河西自身が労働組合研究の中でいかなる達成をなしたのかを検討する必要がある。労働組合研究は戦後初期からの労働研究の主戦場であり、そこで河西が少数派組合を取り扱った意味などは、別途議論される必要がある。

22 シュワルツ(Schwartz 2018)は、ゲーム制作に携わるクラウドソースワーカーが形成している、互助的な共同体について議論している。ここにおける制作者達は労働組合を結成しているわけではないが、賃金交渉や仕事の獲得において連帯を形成している。また、宮地弘子(二〇一六)はフラットな組織で働くソフトウェア開発者へのインタビューから、開発者が企業の労務管理に包摂されない形で、独自の文化を形成し、互いを評価し合っていることを明らかにしている。こうした視点は、労働組合を対象としたものではないが、労働調査から労働者文化の内実を解明した研究と位置づけることができるだろう。

第3章　河西宏祐の労働組合研究からみる研究者教育上の含意

3―1　河西宏祐の著作にみる労働社会学教育

3―1―1　労働社会学の独自性をめぐって

日本国内の産業・労働社会学は、経済学・社会政策学・経営学などほかの労働研究内部での独自性を模索してきた。例えばその一例として労働社会学を日本的経営の学であるとする見方[1]や、労働社会学が質的研究を基礎とした「実証」研究の学であるという見方[2]が存在する。だが、こうした見方が真に労働研究における一つの学の独自性を見定めるための指針として適切かについては疑問が存在する。

例えば前者を労働社会学の基礎に据えることが危うさを持つことには二つ理由がある。一つ目は、日本的経営の特質という論点は労働研究全般の関心事だということがある。社会学の独自性を指摘するのには十分な定義であるとは言えないのである。二つ目に関しては、そもそもの日本的経営自体で指摘されている特性が揺らぎを見せているのではないかという点である[3]。日本的な雇用労働者の働き方の特徴とされる、長期雇用や年功賃金といった特性が揺らいでいるということが指摘されてきて久しいのである。

後者の点に関してはより大きな疑問が存在する。科学である以上実証性が求められるということはいうまでもなく、それはほかの社会科学においても同様である。また、労働研究では経済学者によるインテンシブな質的研究で重要な成果も多く(氏原 一九六六など)、質的研究が労働社会学の専売特許というわけではない。おそらくこうした定義づけ自体は労働研究内部での立ち位置というよりは、他の社会学の中での労働社会学の立ち位置を模索する中で作り出した言明だと考えた方が適当である(第2章)。加えて、質的研究の実証的研究というのは原理的に事例研究にならざるを得ない。日本労働社会学会が発行する『労働社会学研究』では、掲載論文の条件として「実態調査に基づく実証研究」であることが明記されている。こうしたことからわかるように、労働社会学では、個別の事例研究として「実証」研究を積み重ねていくことが志向され続けてきた。しかし、そうした事例研究を大量に積み重ねた果てに何があるのかという点については、必ずしも明確になっていないように思われる。対象の任意性が高い社会学は、事例研究がいかなる意味を持つのかを絶えず省察することによって、理論的な関心を彫琢し続けてきたはずである(北田 二〇一五など)。その事例研究の蓄積が何に資するべきかが、労働社会学者の内部で省察される必要があるのである。

このように考えたとき、労働社会学内部から見た言明よりも、距離をとった外部からの言及の方がある種の本質を言い当てている場合がある。文化社会学者・映画研究者の長谷正人は、社会学の初学者向けのテキストである『社会学の知33』の中で意外なことに「労働はいかにして喜びになりうるか」という小論を担当している。長谷は、論考の中で自身の文化社会学者としての立ち位置をチャップリン論で示すだけでなく、これまでの労働社会学の基礎が何であるのかを的確に指摘している（長谷 二〇〇〇：一九五）。長谷は、近代における工場労働がもたらした「疎外」に対して「正反対の労働イメージをユートピアとして思い描いてきた」といい、「労働者が単なる機械的歯車として労働することから解放されて、労働による自己実現が可能になることが夢見られて来た」とする。そして「その実践的役割を果たしてきたのが労働組合であり、その理論的役割を果たしてきたのが様々な労働社会学や社会主義的な理論の業績」だというものである。長谷がいうように実践を行う労働組合に理論的な基礎づけを行うことが労働社会学の重要な役割であるといえる。

労働社会学において労働組合が注目されてきた一つの背景としては、労働者が形成する共同性のあり方が伝統的に研究関心を集めてきたことがある。日本における労働社会学の創始者である松島静雄（一九五一）は、鉱山労働者が形成する互助的な疑似家族組織の実態を調査した。松島はその実践に一定の評価を与えつつも、前近代的な性質を残すものであるとして、近代的な労働者組織のあり方として労働組合に期待を寄せていた。こうした形で労働組合は労働者の共同性を捉えるうえでの重要な対象であり続けてきた。しかし近年は、労働組合組織率が低下し続けている現状がある。こうした動向は、労働社会学のフィールド設定のゆらぎとも関連することになる。

こうした前提を元に現在労働社会学とはいかなる研究なのかについて再定式化する必要がある。近年隆盛してきている個人加盟ユニオン（例えば、小谷二〇一三）などの組織に着目するのはその一例である。また一方では雇用労働を前提としない職業、たとえばバンドマン（野村二〇二三）や建築士（松村二〇二一）等様々な労働者に対する事例研究が蓄積されてきてもいる。しかし、この両者は断絶した形で展開されてきている。後に第4章でも述べるが、組織化へと連なる前提として個人の実践を記述する必要がある。このように労働社会学では個別の事例研究が積み重ねられているが、その意義の再定式化が迫られている領域なのである。

3-1-2　労働社会学と教育――河西宏祐の業績

この労働社会学の基礎の再定式化は、何よりもまず学問的な再生産の問題と関わることになる。学問的なフィールドを持つこと自体は個人の選択でなされたとしても、そのフィールドを「労働社会学的な研究」として位置づけるにはまずこうした基礎づけが必要になるからであり、「何となく」同じプログラムを慣例で教え続けることの限界が来ることを意味する。

現在の労働社会学の教育プログラムの限界は、労働者の組織化がなされなくなったということ、そして労働調査自体が個人化しつつあることの二点と関連する。労働者の組織化がなされなくなった際に労働社会学がどこに知見を返すのかということは、実践や政策へのインプリケーションも求められる労働研究に関わる社会科学として検討しなければならない問題である。その知見の展開先が曖昧になったことと関連して対象の多様性が増していくことになり、なおさら労働社会学としての基礎づけが求められつつある。また労働社会学の研究・教育を研究室単位で実施するということも一部の研究室だけに限られたものになる。

そうした中で労働社会学という知を再生産する上で、教育プログラムを再定式化することは、労働社会学内において重要な課題となる。そのためには新しい対象や理論を追い求めるだけでなく、労働社会学内で引き継ぐべき課題・業績は何であるのかを再度考える必要がある。その視点の一つを与えてくれるのが本章で検討する河西宏祐(一九四二—二〇一七)の一連の著作である。

河西宏祐は一九七〇年代半ばから労働社会学分野の研究に従事し、日本労働社会学会の設立者の一人であるだけでなく、労働社会学内のテキストを複数執筆している(河西 二〇〇一; Mouer and Kawanishi 2005= 河西・マオア 二〇〇六)。さらに自分の授業や演習の調査実践をまとめて書籍として出版しており、社会学教育・労働社会学教育に熱心な研究者であった(河西 一九九二; 二〇〇五; 河西編 一九八六; 一九九一; 二〇〇二)。その中で本章が注目するのは、河西宏祐の後期の著作である。河西宏祐はそのキャリアの後半になって、数十年関わり続けた二つのフィールドに関する著作をまとめ始めた。日本電気産業労働組合(電産)と私鉄中国地方労働組合広島電鉄支部(広電支部)である。取り上げる具体的な諸作は下記の四冊である。

『電産』シリーズ:

(1)『電産型賃金の世界——その形成と歴史的意義』(早稲田大学出版部、一九九九年。『世界』と表記)

(2)『電産の興亡：一九四六年〜一九五六年――電産型賃金と産業別組合』(早稲田大学出版部、二〇〇七年。第一二回社会政策学会学術賞を受賞。『興亡』と表記)

『広電』シリーズ：

(3)『路面電車を守った労働組合――私鉄広電支部・小原保行と労働者群像』(平原社、二〇〇九年。『路面電車』と表記)

(4)『全契約社員の正社員化を実現した労働組合』(平原社、二〇一五年。『正社員化』と表記)

本章では、こうした事例研究がどのような視点から取り組まれており、それが河西自身が必ずしも意識していなかったものも含めて、社会学的にどのような意義があるのかという点について議論を行う。

3―2　各書の概要

3―2―1　『電産』シリーズ

(1)『電産型賃金の世界』

『世界』『興亡』は、戦後まもなくからの電産の労働運動について、その発展期から事実上の解体に至るまでを通史的に描いた著作になっている。電産の前身である日本電気産業労働組合協議会(電産協)が電産型賃金体系を考案して経営側に認めさせる一九四六年の「電産十月闘争」までを『世界』で、「電産十月闘争」の結果を協定化した「十二月協定」から一九五六年に電産が事実上解体するまでが『興亡』で描かれている。まずは『世界』の内容を紹介していく。

敗戦時、電気産業には一〇社の電気会社が存在していた。これらの企業は戦時中の国家総動員法などを背景に設立された国策会社であったが、一九四五年一〇月頃から労働組合の組織化が始まり、翌四六年春頃までにそれぞれの企業別組合が結成された。その後、各組合を束ねて単一産業別組合を結成することが議論され、四六年四月に結成されたのが電産協である。

各電力会社の労働条件の水準が一定でなかったことを背景として、電産協は共通の要求を掲げて統一闘争を展開しようとした。これには労働条件の水準を統一することとともに、単一産業別組合結成に向けての足がかりが必要だったという背景がある。

いくつかの準備段階を経て、「電産十月闘争」と呼ばれる大規模な闘争が一九四六年に実施された。ここで電産協が要求するのが、後に「電産型賃金体系」と呼ばれる賃金の構想である。

この賃金体系は、賃金の大部分が「生活保障給」「能力給」「勤続給」の三つの部分によって構成されており、最低生活保障を可能にする生活賃金という側面が重視されていた。生活保障給は、年齢と家族数によって、資格・職階・学歴・性別などと関係なく支給される。それに加えて「能力給」「勤続給」によって、労働者個々人の能力を熟練に基づく格差を表現した。ただし「能力給」「勤続給」は全体の二割以下に抑えられ、理念としても「生活保障給」が十分に与えられることを前提としたうえで、より生活に余裕をもたせることを可能にするために設けられた賃金であった。こうした賃金構想は、すべて電産協の組合リーダー達によって考案された。

電産協は、このような賃金体系の実現を含めて経営側に対して「電産十月闘争」で要求を行い、団体交渉と合わせて「全国五分間停電スト」などを行った。この団体交渉は二回行われたのち決裂し、第三者の委員も参加する調停委員会が開催される。この調停委員会でも波乱を含みながらも組合側の要求が認められることとなり、「電産十月闘争」は終結することとなった。

河西は、こうした経緯をまとめたうえで、『世界』の終章で「電産型賃金体系」をめぐるさまざまな評価の妥当性を検討している。とくに、それを組合員達がどのような「当事者の論理」のもとに考案したのかを踏まえたうえで、それを踏まえない研究者の評価については批判を行っている。このようにして『世界』では、「電産型賃金体系」が考案される経緯と、それへの評価の妥当性が主たるトピックとなっている。

⑵『電産の興亡』

「電産十月闘争」の内容は、「十二月協定」として取りまとめられ、締結される。電産協の全面的勝利によって結ばれたこの協定であったが、そこには労使間の争点が内包されており、それが後の電産解体に繋がっていったことが『興亡』における一つの論点である。『興亡』では、ＧＨＱ・政府・経営側という組合の外部勢力や、組合内部を構成する諸勢力の拮抗関係との関係を通して、「十二月協定」が内包していた争点が顕在化し電産が解体するに至ったのかが分析される。

「十二月協定」は、電気会社の全国一社化を含む電気事業の社会化、電産型賃金体系の導入、退職後一〇年の生活保障、一日八時間労働制を含めた適切な労働時間制を基本精神としていた。ここでは、電産の崩壊の大きな契機となった「電力事業の社会化」と、『電産』シリーズ通しての主題である「電産型賃金体系」が含んでいた争点とその展開を紹介する。

「電気事業の社会化」については、それを実現するためには労使交渉のレベルを超えた枠組みが必要であった。とくに、電気事業における「戦時体制」を払拭し、電力事業再編成を重要な政策とみなしていたＧＨＱや日本政府との折衝が必要であった。政官財界や国会レベルまで関わる政治的・政策的課題を労働組合がどのように実現するかが問題となった。

電産は、電気事業社会化のために労使で構成される「電気事業民主化協議会」を組織し、全国一社化に向けた構想を一九四七年三月頃に公表するものの、当時のＧＨＱの経済改革で制定が進んでいた過度経済力集中排除法（集排法）の対象に電気事業が含まれることが予想されたため、労使交渉はいったん中断された。電産協は電力事業の社会化よりも「経営民主化」を重視した大衆運動を優先すべきと判断し、運動の重点を職場や地域住民の要求実現を目指す「職場闘争」「地域闘争」へと移した。これは日本共産党の革命戦術と結びついた「地域人民闘争」となり、電源ストなどを激発させていった。その時期に集排法の対象に電気事業が指定されたため、それにより経営側は「電気事業社会化」の労使協定を破棄する。ＧＨＱも日本占領体制の終結に向けて電気事業再編成を急展開し、一九五一年に政府主導による「電力九分断」で九電力会社が発足したことにより、「電力事業社会化」構想は雲散霧消した。さらに、「電力九分断」は電産の存立基盤であった全国企業体としての日本発送電会社を消滅させ、企業ごとの利潤競争を激化させたため、企業別組合化が進む原因となった。これは単一産業組合としての電産崩壊の呼び水となった。

「電産型賃金体系」については、あくまで一九四七年四月からその体系に基づき賃金が支給されることが決まったにすぎず、その実現には多くの課題が残されていた。それは最低生活保証を実現するために賃金額を毎回の労使交渉によって決定しなければならないこと、賃金体系の運用面の細部が詰められていないことが争点であった。「電産型賃金体系」は、そもそも組合側が生活賃金を重視し、経営側がそれを否定して広い意味における能率給に転換させることを重視していた点で、その体系自体が労使抗争の根本原因となっていた。労使の調停に関わった中央労働委員会(中労委)は、ドッジ・プランによる人員整理・経営合理化によって戦後復興期に入った一九四九年以降、「電産型賃金体系」の「能力給」の部分を増加させることで能率給を実現しようとした。電産崩壊まで「電産型賃金体系」は維持されたものの、こうした動きによって徐々にその内容は「職階給」に向けて変質していた。

運用面では、賃金スライド、「家族給」の「扶養家族の範囲」、「能力給」の「査定基準」が労使抗争の焦点となった。ここでは電産崩壊までの最も大きな争点であった賃金スライドの経緯を述べる。

敗戦直後の超インフレ時代においては、生活費の日常的な高騰や賃金の遅配・欠配が常態化していたため、組合員の飢餓状態を救済するための賃金スライド闘争が繰りかえされた。これは電産崩壊までの間、計一一次におよんだ。ここでの電産の交渉相手は実質的にGHQと政府であり、かつ労働関係調整法にしたがってすべての電産争議は中労委調停にかけられるなど、複雑な展開となり、つねに政治問題化していた。さらに電産の争議戦術が、電源スト・工場送電スト・停電ストなどの社会的影響が大きいものであったことによって、電産争議は常に社会問題となった。こうした中で団交は決裂することが常態化し、中労委による調停が大きな役割を果たした。中労委は、「能力給」の増額によって賃金スライドを行うことを提案し、電産が惨敗し九電力会社の企業別組合へと分裂することを招いた「電産五二年争議」(一九五二年)の翌年に「定期昇給制」を提示する。電産は年齢や家族数に応じて賃金を加算する「積み上げ方式」を主張していたが、電産から分裂した九電力会社の企業別組合がいずれも「定期昇給制」を支持し、新たな賃金制度が定着した。

この他にも、組合内部の政治的な対立(共産派と民同派)によって定期大会が流会するなど、内部・外部における抗争によって電産は一九五六年に事実上崩壊することになる。

このようにして『興亡』では「十二月協定」が有していた論点を縦軸に、それが多様なアクターの思惑や行動の絡み合いを横軸に置きつつ、双方の軸がどのように展開したのかが詳細に描かれている。

3-2-2 『広電』シリーズ

(1)『路面電車を守った労働組合』

本書は、河西が一九八三年からフィールドとして関わり続けてきた広電支部に関する単著としては初めての書籍である[4]。同書は少数派から多数派に達した労働組合という位置づけである。一九五四年の組合分裂によって組織率一〇％台に追い込まれたが、三〇年近くかけて六〇％近くまで回復した組合として広電支部に着目している。本書の特徴として、客観的な歴史を描くというよりも、こうした組合組織率回復の立役者である小原保行の評伝という形でその組織の歴史を描きだそうとしている。そうした河西の叙述に沿う形で同書の内容を確認したい。

一九三〇年七月一日に小原は生まれ、一九四八年に国鉄広島第二機関区の構内手として就職したが、GHQのレッド・パージと関連した人員整理のあり方に憤りを覚え、職を辞すことになる（1章）。一九四九年一一月一〇日に小原は広島電鉄に入社した。

広電の労働組合内部には三つの政治的潮流があった。共産党が主導する「共産派」、中立的な「革同派」、反共産派に共感的な「民同派」である。これらの党派はどの組合でも見られた。戦後日本がその行方を模索している敗戦後の中で、若者がどの政党・政治潮流に近づくかには偶然の要素も大きい。それぞれの立場の中で若者達が創成期の広電支部に結集しつつあり、小原もそうした群像劇の一員であった（2章）。小原はレッド・パージとも関連して一九五一年に初めて執行部に入る。この時期に広島電鉄労働組合（電労）という第二組合が結成された。

分裂後に起こった「職能職務給反対闘争」（一九五六年）に大敗し、組合組織率を大きく落とすことになる。この反省もあり小原は草の根からニーズをくみ取って闘争を行うことの重要性を確認し、「敵は最小に、味方は最大に」ということを目指すようになる（3章）。

一九五七年小原は書記長に選出され、三三年間を組合専従職員として過ごすことになり、支部に対する不当な扱いに対して裁判所の力を借りず、組合自らの実力での自力救済を目指した。その中で車の手入れなどの「タダ働き反対闘争」や配車を平等に配布することを目指す「配車基準闘争」などの異議申し立てに成功する。この勝利によって組合員は徐々に増えていく（4章）。小原は一九六三年に私鉄総連中央執行委員として派遣され（5章）、六六年に帰任する。この頃から「ゲリラ戦」のような要求から賃金や労働時間の裁量をめぐる「正規戦」を構える時期になった。具体的な闘争としては「大手並み賃上げ闘争」「ダイヤ協議闘争」（一九六四―六八）や「第二基本給反対闘争」「路面電車を守る闘い」（一九六八―七六）といったものである（6章）。小原の活動で最も重要なのは小原が委員長時代に行った同書の表題にもなっている「路面電車を守る闘い」である。一九六五年から闘いの端緒はあり、マイカーが中心になることで路面電車は経営的に苦しい戦いを強いられた。会社側は運行間隔を空けるなど一見労働負荷を下げる交渉を行った。これは経営合理化の端緒となる会社の罠であり、支部は反対したが組合員は当初それに従わなかった。しかし議論を進めていくうちに、次第に罠であることに気づくようになった。支部は試行錯誤の末、「電車の機能を高める闘い・電車の社会性を高める闘い」という方針を決め、対企業闘争（雇用を守るための会社の尊重）・対自治体闘争（サービス向上）・内部運動（第二組合との共闘）の三本立てで運動を展開した。これに伴い、組織拡大を行い、ついに多数派になり（7章）、小原が引退してすぐに両組合は統一される（8章）。このように広電支部の黎明期の歴史は小原とともにあったのである（9章・10章）。

(2)『全契約社員の正社員化を実現した労働組合』

広電支部は二〇一〇年代になって再び大きな話題を集めることになる。それは広電支部が全契約社員を正社員化することに成功したからである。こうした全契約社員の正社員化という取り組みはなぜ・いかにして可能になったのだろうか。この道は決して平坦なものではなかった。統一以降の広電支部はその基盤が整っていなかった時期から社会政策上の大きな転換とそれを受けた経営側の経営合理化に対して闘っていかなければならなかったからである。そうした一連の闘いの結果や小原からの伝統の引き継ぎとしてこうした全契約社員の正社員化はあったのである。

一九八〇・一九九〇年代の経済の国際競争が激化するにつれて日本の長時間労働が国際的な非難を浴びることになり、労働時間短縮が急務になった。政府は年間総労働時間一八〇〇時間を目標に掲げ「完全週休二日制」等の政策を進めてきた。こうした労働時間の短縮は政府の意図とは逆に多くの現場で労働密度の強化をもたらす。経営側が労働者増を行い、労務費を増大させることを嫌うからである。こうした傾向は短期間に大きな利潤の増加が望めず、人件費の比率の高い労働集約的な産業において顕著に見られる。これにより企業内労使関係（経営側・労働組合・従業員の三者関係）は大きく変化することになる。

一九九三年に統一された組合の体制が整わない中でこうした経営合理化は行われた。当初は経営改善によってこそ労働者の雇用は改善されるという小原の時代の理念を貫こうとし、変形時間労働制という形で行われるこうした労働時間短縮改革に組合は協力的であった。だが、組合側としては指導を予定していた人物が入院し、その後逝去するなどのアクシデントなどによって大きく交渉力が後退することになっていた。この変形時間労働制をのむのも交渉力に基づくダイヤ協議を前提としたものだったのである。乗務条件が実施されてみると、長時間・過密労働の実態は、組合執行部の予想をはるかに超えたものとなってしまったのである（1章）。

新組合の発足以来、経営側からの厳しい経営合理化攻勢に晒された支部は、少しずつ体制の整備を進め、反抗へと歩み始めていた。しかし、広電支部にとってその後の安定が約束されていたわけではなかった。経営側が、交通事業に対する規制緩和の襲来を前にして、人件費削減という形で経営合理化を展開したのである。賃金体系の是正・本給の減額、退職金の切り下げ、諸手当の廃止など次々と攻勢を仕掛けてきたのである。その中でも焦点になったのが赤字部門であるバス会社を分社化して切り離すというものであった。これに対して組合側がまず持ち出したのが「交通政策論」である。これは、人件費の削減ではなくパイの拡大という形で対応を行うというものであった。経営側へのすりよりの姿勢を捨て、労働組合としての基本的な姿勢として旧支部時代の〈生産協力・分配対立〉という路線を目指すことになったのである。これは変形労働時間制における長時間・過密労働に対する不満を激発した組合員に後押しされてのものである。経営側はその後も様々な形で合理化を行ってくるが、最後の防衛線として「バス分社化」に対してだけは支部は容認しない方針を貫いた。特に佐古執行部（二〇〇〇年九月〜)は適正な経営論を人件費削減のオルタナティブとして提案し、労働者側の押し返しに成功したのである(2章)。

バス分社化に抵抗する中で苦渋の選択として飲んだのが、非正規社員(契約社員)の受け入れである。ただし、あくまで「正社員化」を推進することを前提としたものであった。バス部門が黒字化するに際して経営側は契約社員の三年登用制度は認めるものの昇給は認めないという姿勢を崩さなかった。これは不況に際して高学歴の中途採用者が契約社員として多く集まっていたからである。しかし、二〇〇六年頃から支部の交渉力の向上と契約社員の志望者数の減少という事態が起こり始める。そこで契約社員を正社員化することについて経営側も検討を始めることになる(3章)。

正社員化の交渉過程において、経営側は契約社員の賃金水準に合わせることを要求してきた。これに対して支部側は、正社員の権利を守りつつ、契約社員を正社員化するという課題を追うことになった。だが、その労働条件について正社員の一部は減給を受け入れねばならず、契約社員の側も一時的な労働条件の低下を受け入れざるを得なかった。そうした条件を受け入れつつ、どのような賃金案を提案していったのかが明らかにされている。経営側は同一職種同一賃金を主張し、それに対して支部は年齢・勤続年数を基準とする人事制度を要求した。支部は数度の交渉を経て、実質的に勤続要素を加味した制度を勝ち取り、全契約社員の正社員化が実現した。その際には定年の近い従業員の本給削減などが必要であり実際に減額になる組合員が約四〇〇名存在した。それに対して支部は「激変緩和措置」を講じ、減額を緩やかにするための調整手当、従来制度における一定年齢以上の本給カットの廃止、六〇歳から六五歳への定年延長を実現させた。こうした取り組みによって、職場の人間関係・熟練・職場労働者のプライドなどを背景に成立していた「労働者文化」としての勤続年数別序列に即した新人事制度が実現した。一方で、末端職制の賃金額が他と比べて著しく高いこと、中堅層の成果が相対的に乏しかったことなど、いくつかの課題を支部は新たに抱えることになった(4章)。

3-3　労働運動に関わる多様なアクターの記述

『電産』『広電』シリーズの各書では、労働争議やそれに至る経緯・帰結が詳細に描かれる中で、多様なアクターが取り上げられている。本章が取り上げるどの著作を手に取った者も、労働運動に関わった人物や組織の多様さや、その複雑な絡み合いに目を引かれることだろう。しかし、河西の記述は単に詳細であるだけでなく、労働研究として重要なアクター同士の関係を的確に捉えたものとなっている。個々のアクターを詳細に記述することは、河西が自身の方法論的概念として重視している「当事者の論理」とも深くかかわる。本章ではこれらの点について論じる。

3-3-1　政労使の関係性

労働運動は、とくに河西のように労働争議に着目して記述していく場合、使用者と労働者の関係を描けば十分であることも多い。しかし、とくに『電産』シリーズにおいて顕著だが、河西は分析上の重要なアクターとして国家をしばしば取り上げている。電産は日本の電力産業一〇社をまとめる単一産業別組合であったが、それを構成する企業はもともと国家総動員法に基づき設立された国策会社であった（『興亡』五―七）。こうした背景から、電産の労働運動が使用者だけでなく国家を相手にするものであることは、一つの必然でもあった。

政府・使用者・労働者の三者を扱うという方針は、日本の労働研究を牽引していくことになる、労使関係論という分野が当初から有していた視点である。労使関係論の嚆矢であるジョン・ダンロップ（Dunlop 1958）は、労使関係制度は政府・経営組織・労働組織の三者からなり、経営組織と労働組織が取引を行い、政府がその取引を規制する関係にあるとした。これらの三者は、それぞれに外的環境に制約されながらも、雇用に関するルールの網の目を産出する。こうした視点は日本における労働研究においても継承され、刷新する試みが石田光男によってなされている（石田 二〇〇三：二〇一四）。しかし、社会学の中では一部の例外（山田 一九九六など）を除いて、近年は省みられることが少なくなっている。

河西（二〇〇一）も、労働社会学の視点として「構造的矛盾論」を取り上げている。これは、「労働現象そのものがさまざまな〈矛盾〉を含んだものであり、それが実態であって、どのような問題意識に立とうとも、平板で表面的な視点では実態が正確に把握できないからである。企業を研究対象とする場合、企業における支配（管理）・従属関係（労使関係）が生みだす〈矛盾〉を注視する必要が不可欠であろう」（河西 二〇〇一：五）と述べる。このようにして河西は労働現象に関わる多様なアクターに着目している。

『電産』シリーズでは、その主題である「電産型賃金体系」それ自体が、政労使の三者関係のなかから産出された規則であるといえる。電産協の要求によって使用者側との団体交渉を経て、それが決裂して中労委による調停委員会が開催され、「十二月協定」として結実した。そしてその後も、レッド・パージによる労働運動の衰退など、日本政府やGHQなどの政治的アクターが重要な位置を占めている。

3-3-2 「労」の中の対立

日本の産業・労働社会学が伝統的に追求してきた主題として、労働者同士の共同性の構築はいかにして可能か、そしてその共同性は労働者にとって良いものといえるのかそうでないのか、という問いがある。本節ではこの主題に関するトピックを扱う。

(1)労働者対立

労働者同士の共同性を考えるうえでは、まずそこに存在する対立が記述される必要がある。河西は労働組合という、理念としては労働者の共同性を体現する組織を取り扱っているが、そこに属する成員は一枚岩に描かれていないどころか、常に対立関係を孕んだものとして記述されている。

こうした事例は『電産』『広電』において至るところに散りばめられている。そのうちいくつかの例を確認しよう。『電産』シリーズにおいては、電産協が単一産業別組合と組織されるにあたって、その動きに対して地域が異なる各企業における従業員組合に温度差があったこと(『世界』五二―六)、レッド・パージ期の第五回電産中央大会における「共産派」と「民同派」の「地域人民闘争」か「中央集約闘争」かという対立により、大会自体が流会したこと(『興亡』二三四―八)などが取り上げられている。『広電』シリーズでも、『路面電車』においては第一組合と第二組合の対立が全体を通して取り上げられるほか、同じ第一組合同士においても勤務地によって組合員の占める割合が異なるために争議を行う意思はあるもののそれを決心できない組合員がおり、ユニオンリーダーである小原が説得に奔走する様子が描かれている(『路面電車』一〇五―一八)。『正社員化』でも、契約社員の正社員化にあたって定年間近の組合員の減給の緩和に支部が奔走したことや、その成功の一方で末端職制の高賃金や中堅層の不満という対立の芽が残されたことが議論されている(『正社員化』二三七―六六)。

(2)組合と労働者の対立

河西の扱う事例の中には、より明確な形で労働組合がその組合員である労働者によって批判される様子が描かれたものがある。とくに『正社員化』においては、第一組合と第二組合の統合が果たされた後で組合内が混乱している時期が対象とされたため、労働組合が有利な条件で経営側と交渉を進められず、組合執行部に対して激しい批判が繰り広げられたことが指摘されている。

たとえば、経営側からの変形労働時間制の導入提案を一九九六年春闘において受け入れた後に開催された、新広電支部第四回定時大会では、河西自身も傍聴するなかで、組合員の執行部批判の様子を克明に描いている(『正社員化』第1章6節)。河西は、その大会の様子について、「それは『もの凄い』としかいいようのないほど凄まじい非難・攻撃であった。経営側にたいしてのみならず、この『乗務条件』(実施細則)を受け入れた小早川執行部(第三代、一九九六年一月発足)に対する組合員からの批判が激発することとなった。(その当時、筆者が実施したアンケート調査によれば、組合員の約九三%が執行部に『批判的』と答えている)」(『正社員化』八二)と記述している。

こうした、労働組合とその組合員である労働者が対立的な関係になりうることは、近年の社会運動ユニオニズムの研究等でもしばしば描かれている。山田信行(二〇一四)は、多様なエスニックグループで構成される労働組合について、そのリーダーを選出するにあたって、自らのグループに属する候補者に組合員が投票する傾向があることを指摘しており、労働者間の対立を示唆している。

一方で、『正社員化』においても後に執行部が体制の立て直しを図るなかで、徐々に有利な条件で交渉を進めることになるとともに、組合員による批判は鎮静化していく。最終的には、一部の者の給与を減額する形で全契約社員の正社員化が実現することになり、執行部も減額される者の反発を懸念していたが、「むしろ『ようやってくれた。定年延長までやるとは思わなかった』と評価する声もあった」(『正社員化』二六一)という。これはベテランの従業員にも年金の空白部分があり、定年後も働きつづける必要があったということに起因している。

河西は労働組合という労働者同士の連帯を表現する組織においても、共同性を実現することは容易でないことを描いている。一方で組合員の不断の努力によってそれが達成される場合もある。こうして河西は個別の状況に即した共同性の可能性の条件を描いているといえるだろう。

このように河西は多様なアクターを捉え、その間の対立がいかなるものであったのかを詳細に記述してきた。

⑶前提となる平等理念

多様なアクターの対立構造を描いてきたのが河西の議論の前提にはあるが、それと同時に労働者の連帯の前提が存在する。そのことを考える上で重要なのが、「電産型賃金」をめぐる既存の理論に対する反発から見てとることができる。それが「研究者の論理」と「当事者の論理」を対立的に論じることの基盤となっている。

河西が既存の議論に対して最も大きく反発を示したのが、電産型賃金が女性差別的であり、それが現在の男女の賃金差別に繋がっているという既存の言説に対してである。その反論の事実水準の指摘の手腕については本論を参照してもらう他ないが、重要なのはその調査・論証への強い動機づけに関してである。

河西が注目するのは、電産型賃金が労働者を主体として獲得した賃金であることである。髙橋祐吉（一九九九）の指摘にもあるように、電産型賃金が当時行おうとしたのが電気の「民主化運動」と連動したものであり、その理念の中に「平等主義」を内包していたのである。そうした運動の理念を体現した賃金の中に、平等性を蔑ろにするような理念が存在しているはずはなく、経営側の運用レベルの分断戦略によってはじめて男女の差が作られるはずなのである。こうした運動の理念は労働者文化と河西が呼ぶものの一つの基盤となっている。

山本潔（二〇〇九）が指摘するようにこうした労働者文化は、経営側との交渉においてもその基盤となるものであり、だからこそ「能力主義」の導入に対する立ち位置が現れることになるのである。そしてそれは広電にも引き継がれるものであった。中でも山本は、河西に対して小原が投げかけた「なんぼのもんじゃい」という言葉が「労働者文化」を考える上で重要なのではないかと指摘する。それは一つの「平等主義」の現れであり、経営側だけでなく研究者も含め、「平等」であるという労働者文化の現れであるというものであり、だからこそ「当事者の論理」が重要だという河西の姿勢とも繋がっていたのではないだろうか。

このように「当事者の論理」に根差した形で多様なアクターを捉える分析が採用されるのには、河西がその議論を通してどのような研究状況の中で、どのような議論を宛先に知見を送ろうとしていたのかと関わっている。次節では、河西が具体的にどのような議論や対象を宛先としていたのかについて整理する。

3−4　労働組合の事例研究とその知見の宛先

3−4−1　日本的経営

日本の労働研究では、一九七〇年代ごろから、日本が高度経済成長期を通して高い生産性を可能にした企業組織や労使関係における条件や、その一方で日本における労働者が苛酷な労働を強いられている条件など、日本における雇用労働の特徴を明らかにしようとする研究がさまざまな研究関心を含み込みつつ展開してきた。その中で、「終身雇用・年功賃金・企業別組合」の組み合わせが日本的な経営のあり方として長らく指摘されてきた（経済協力開発機構編　一九七二）。河西もこうした日本的経営に関する議論をキャリアの初期から強く意識してきた。

河西は、『電産』シリーズ以前の著作においては、このうち「企業別組合」、つまり日本では「一企業一組合」というあり方が研究者間で前提とされてきたが、実際には複数組合を持つ企業が多いことやそのうちの少数派組合が労働者にとって重要な意味をもつことを指摘し、反論してきた（河西一九七七：一九八一：一九八九）。こうした主流とは異なる労働組合のあり方を評価することを通して、河西はとりわけ「日本的経営賛美論」を中心とした日本的経営論への批判を展開してきた。

こうした日本的経営論への高い関心は、『電産』『広電』シリーズにおいても継続しているが、その対象が「年功賃金」の方に移行している。その評価は、企業別組合に比べると両義的なものになっている。

「電産型賃金体系」については、『世界』では「生活保障給」という労働者の生活を支えるための賃金という考え方を創造したことを評価する一方で能力給が後の電産崩壊の一因となったことを指摘している。『興亡』では、そもそも「生活給」を容認する経営者が存在しない以上、それ自体が労使対立を呼ぶ根源的な理由であったことを議論している（『興亡』四三三）。こうした仕方で、「電産型賃金体系」については両義的な評価が与えられている。

『広電』シリーズについては、むしろ契約社員を正社員化するにあたって、「同一職種同一賃金」を提案する経営側に対して賃金体系上で年功制を堅持したことを河西は高く評価している（『正社員化』二五〇）。この評価は、近年の労働政策の動向に逆行するものでもあるが、河西の議論の中では一貫した論理が存在する。それは、広島電鉄において「勤続年数別序列」が職場に以前から存在する「労働者文化」であり、職場における正当性の基盤となっていたという点である。河西は、以前から職場における文化を、経営側が持ち込んだものである「従業員文化」

と労働者が自ら醸成したものである「労働者文化」と区別して論じ、後者の重要性を主張してきた（河西 一九八二）。『正社員化』の事例においては、年功秩序が、あくまでもともと労働者が作り上げたものであることから、それを維持したことが高く評価されているのである。年功賃金であってもそれが職場の「労働者文化」に基づくものであり、労働者自身によって選び取られたものであるならば、それは評価されうるのである。

こうした仕方で、河西は初期キャリアから有していた日本的経営論への関心を、キャリア後期の『電産』『広電』シリーズにおいても展開させていた。河西は日本的経営論に対しては一貫して批判的だったが、日本的経営論を取りまく状況が変化する中で、河西自身の記述の方向も変わりつつあった。

3-4-2　労働をめぐる研究状況

労働研究は個別の宛先を超えて大きく問題状況を共有している必要が存在する。それはとりわけ、前述した日本的経営の問題設定が揺らいでいたことと関連している。同じ電産を対象とした『世界』と『興亡』の間の議論のまとめ方においても見られる。両研究は時系列的にそのまま繋がっており続編としての性質も大きい。だが、その記述のされ方には明確な違いがみられる。

『世界』においては、これまでの既存研究についてそれぞれ論評を加える形で知見を送り返すことが行われている（『世界』終章）。電産型賃金体系は日本的経営の年功賃金の一つの基礎を作ったものとして語られていたことがあり、それに対して実証的な記述を行うというときには、宛先としてその電産型賃金に対する論評を設定するということに合理的な理由が存在する。しかし、若年非正規雇用（小杉編 二〇〇二；西野 二〇〇六）や女性労働（木本 二〇〇三）など、二〇〇〇年代半ばから日本的経営の中心とされてきた男性正規雇用者以外の研究の蓄積が進み、日本的経営の揺らぎを前提とするような研究群が浮上し始める。そのことを受け『興亡』においては、それが現代の労働現象を考える上でどのような意義を持つのかという点に議論の方向性がシフトしているのである。

このようにその時点での労働現象がどのような記述（「研究者の論理」）にそもそも晒されているかということが、自身の記述を決定づける上で重要な意味を持っているのである。

3-4-3 事例研究の位置と意義

そうした意味で、事例研究の意義を位置づけることは、意識的であれ、無意識的であれ、同時に理論的な選択を迫るものである。まず『世界』で目指されているのは日本的経営の基礎を支えたと言われるとともに毀誉褒貶の多い電産型賃金に関する論述を「研究者の論理」（現在から見た意義）からではなく「当事者の論理」の側から問い直すという戦略である。さらに電産の事例について、河西は企業別組合が主流であるとされる日本において産業別労働組合が発展した一つの意義として議論しており、それが労働者の主体性に根差したものであったということも重要である。『興亡』ではこれに対して、そうした可能性を持っていた産業別労働組合がどのようにその力を失っていったかに力点が置かれて記述がなされている。そこでは労働者の持っていた主体性がどのように奪われていったのかという点を抗争史から描きだすということによって、その労働者の主体性を維持することの難しさとそこで作られた電産型賃金の意義と可能性を再発見するというプロジェクトに充てられているといえる。

『広電』シリーズにおいてはより重要な課題として現在の労使関係や労働政策の揺らぎ・変化が置かれている。『路面電車』は小原の一代記だが、そうした彼の生育史を通して描こうとするのはエリートではない組合のリーダーの姿であり、組合加入率が下がり続ける現代社会の中で労働者と乖離しない形で組合の理念を保ち続けるリーダーの像をそこでは描き出そうとしているのである。さらにより直接的な意義を労働社会学に限られない現代社会論として描き出そうとしているのが、『正社員化』である。そこで論じられているのは国家の政策（労働基準法の改正や規制緩和）に対して経営者が経営合理化を進める中で、労働組合にどのような抵抗が可能かという実践である。そして、そうした抵抗の起点として労働者のニーズの汲み取りをその第一義的な課題として置いているのである。そしてこの議論において重要なのは様々な利害がある正社員・契約社員などの属性同士のニーズをどのように組み上げ、その調整を行うかということであり、正社員が自らの権利を一部手放してまで契約社員を正社員化したという実践がいかにして可能になったのかという問題の記述でもあったのである。

このように、河西は「実証」的な事例研究を積み重ねていったが、その対象選択はそれぞれに理論的な意味を有していた。事例の選択は、雇用労働をめぐる社会状況の絶え間ない変化のもとではなおさら、それが持つ理論的意味を意識化したうえでなされる必要がある。

3-4-4 労働組合を記述することのアクチュアリティ

「当事者の論理」の議論でもあくまで研究者が最終的に評価することの重要性を指摘しているように、河西はあくまで研究者としての立場を貫いて労働組合の研究を遂行してきた。しかし一方で、広電新支部における学習会での講演も行っており、自らの学知を労働組合に還元することも意識していたと考えられる（『正社員化』補論）。

それでは河西自身は労働組合に対してどのような理論提供を行っていたことになるのだろうか。まず明確に見てとれるのは、河西は自らが取り扱った事例から引きだされた意義がどの程度普遍性を持ちうるかについて記述を割いていることである。『正社員化』では、非正規社員の正社員化という課題が現状では多くの企業において経営主導でなされていることを指摘している。新広電支部の事例ではそれが組合リーダーの主体的活動によって可能になっており、こうした労働運動のあり方については普遍化が可能であることを議論している（『正社員化』二八八―九）。

河西は労働組合の大会に参加するなど、一般組合員との関わりも常に持ちながら調査を行っているが、実質的に組合リーダーを中心的な調査対象にしている。『路面電車』の対象である小原保行も、『電産』シリーズでの聞き取り調査の対象者もいずれもリーダー層の労働者である（河西 一九九二b）。つまり、河西がそれを意図していたかどうかは定かではないが、河西の知見は組合リーダーにとって有意義なものであったと考えられる。

次章では、調査からすれば多様な記述が可能であったなかでなぜ組合リーダーを主要な宛先としたのかについて、河西がどのような社会学的記述を志向していたのかという観点から明らかにする。

3–5　社会学的記述

3–5–1　労働者の生活者としての把握

前述したような課題がある中で、労働社会学の記述が重要な役割を果たしうる可能性として、「調査」というものがある。これが重要なのは、それが単なる研究実践としてだけでなく、労働組合の実践とも密接に関わりあるものだからである。労使交渉において何よりも経営側を説得できるデータを組合の側が有するために、「調査」という実践は重要である。さらに、組合活動の成否を「労働者の主体性」においたときにとりわけその調査の役割は一層明確になる。それは広電の事例や電産の事例で主張されているように組合の執行部の理解と個々の労働者のニーズがすれ違うことがあるからである。それは広電の労働時間をめぐる事例や電産の生活給をめぐる事例において、とりわけ重要になる。経営者との対立・説得だけが前面に押し出してしまい、こうした個々のニーズをくみ取ることに失敗してしまうことは組合の労働者を代表するという理念自体を危うくするのである。そのため、「調査」というのはまずもって労働組合の基礎づけにあり、その「調査」を考えるために労働者の「生活」への社会学的な想像力が重要になってくるのである。

このように労働者がまずは生活者であるという視点が重要である。そのため、『正社員化』では変形時間労働制における「中間解放時間」(往路ダイヤ終了後、復路ダイヤが開始するまでの空白時間)を導入にするにあたり、経営側としてそれを自由に使ってよい時間と位置づけたが、労働者側からみればそれは低賃金で拘束され、拘束時間が延長することを意味するのみだったことが議論されていた（『正社員化』第1章）。このように労働に従事している時間だけから労働者のニーズを把握することには危険が伴う。彼らにとってまさにどのようなことが問題になっているのかという点が重要な課題となってくるのである。それは社会学が現在問い直している「他者の合理性」（岸・石岡・丸山 二〇一七）の記述という指針と重なるところが大きい。稲葉振一郎（二〇一九）は社会学の最も基礎に質的な研究が据えられるべきであるとし、社会学的な記述の特徴を「当事者の間で問題になっていること」を聞くことができ、必要とあればその訂正を受けることにあるという。まずもって当事者にとって自身の生活状況と照らし合わせてある労働条件がどのようなものであるかを記述していくことはそうしたニーズの汲み取りに寄与するはずである。

もともと労働社会学の中にも人々の生活を記述するという指向性がその中には存在していた。それがいつの間にか労使交渉や労働場面のみにその関心を集中させてきたことは大きな限界を自らに課すことに繋がってきたのである。だが、こうした個々の労働者のニーズの記述からしか、労働者の組織化がなされておらず組合加入率が低下しているという状況の改善に資することはできない。そうした加入率の低下自体がこのニーズをくみ取られていないという感覚に大きく起因するからである。そうした実践を再度考える上でもそのニーズの記述を積み重ねる労働社会学的な知は重要な意義を持つのである。

3-5-2　生活と賃金

河西が労働者を生活者として把握するなかで、とくに重要と思われるのが『電産』シリーズで取り上げられた「電産型賃金体系」である。「生活保障給」「能力給」「勤続給」の三つでその大部分が決定されるこの賃金は、労働者の生活保障を第一に考案されたものだった。そして電産の崩壊とともに、「能力給」の部分が職階・職務給に転じ、日本企業の多くに浸透していくことになる。

しかし河西は、生活給から職能給へという流れについて、一方的に変化していくものというよりも、その両者の関係は常に問題となり続けることを示唆している。河西は、「電産型賃金体系」が上記のような経緯をたどったものの、「賃金体系のなかから〈生活賃金〉の部分を排除することは不可能であり、賃金をめぐる労使関係は、永遠に〈生活賃金〉と〈能力賃金〉のバランスをめぐる抗争ともいうことができる」（『世界』七）と指摘する。生活給か能力給かという選択は二者択一なものではなく、どのように組み合わせるか自体が労働者にとって大きな関心事でありうるのである。研究者の課題は、そうした賃金体系の組み合わせがどのように決定するかを公式の労使関係から非公式の相互関係、そして労使それぞれの内部の社会過程を把握することによって跡づけていくところに置かれる（『正社員化』二六八―九）。

こうした生活給と能力給の関係性それ自体を当事者の課題として捉えるという視点には、社会学として二つの利点が存在する。第一に、生活給という視点が不可避であることを保持することで、社会学独自の賃金へのアプローチが可能になることである。賃金を把握するうえで、生活という視点が前提として含み込まれていることは、労働研究における他分野では実はあまり見られない[5]。したがって、生活給という要素を不可欠なものとして捉えることは、社会学の独自の視点を打ち立てるうえできわめて重要なのである。

第二の点は、賃金に生活給が不可欠であり、かつ能力給との組み合わせが当事者にとっての課題であるという視点を取ったとき、賃金の記述それ自体が労働者の生活や価値観の把握につながるということである。賃金は労働問題について扱う際の最重要トピックの一つであるため、ある職業や企業の平均年収等を見てそれだけをもってその善悪を我々は判断してしまいがちである。しかし、生活給という視点を踏まえたとき、きわめて短期間で離職してしまう場合を除いて、外部からみて低賃金であってもその水準で再生産可能な生活を労働者が営んでいる可能性が常に存在する。そうした労働者について「当事者の論理」を把握していくことは、個人化が進行しているとされる社会における労働世界の広がりを捉えるうえで重要だろう。加えて、生活給と能力給の組み合わせという視点は、金額上同じ賃金であってもそこには多様な意味づけが存在しえることを示唆している。たとえば、額面上は低賃金であっても、あくまでそれらは当事者にとっては自らの能力によって獲得されたものとして経験されている場合もある[6]（松永二〇一七）。

このように労働者の生活を捉えることは、河西の社会学的記述の中心に据えられている。次節では、そうした記述を支える主要な方法論的方針である、「当事者の論理」という考え方について議論する。

3-5-3　当事者の論理

河西は『電産』シリーズにおいて、分析の方針として「当事者の論理」という概念を一貫して自らの中心に据えている[7]。

「当事者の論理」について、河西は『世界』の中でなぜ敗戦直後の労働組合が歴史に残る賃金体系を創造し、それを政府や経営者に認めさせることができたのかという問いを立てたうえで、下記のように述べている。

これを解明していくためには、当事者の意識や思想、そして行動に可能な限り近づき、できるだけ『当事者の論理』を正確に把握することが必要となる。実証研究において重要なことは、つねに『当事者の論理』と『研究者の論理』を区分けして考えることである。まずは研究対象となる当事者が何を考え、どのような意図をもって、どのように行動していたかを、できるだけ当事者に即して解釈し、それを資料として析出する作業が必要である。次に、それに対する研究者としての判断や考察を加える作業が必要となる（『世界』三―四）。

この引用から読み取れるのは、「当事者の論理」の内容としては当事者の意識・思想・行動などが含まれていること、そして「当事者」は「研究者」に対して区別されていること、そしてそのうえで研究者が「判断や考察」を行う必要は担保されていることである。これらの点を踏まえると、『広電』シリーズでは明示的には「当事者の論理」が用いられないものの、実質的には分析上その視点が活用されているとみることができるだろう。

この概念は、河西の議論の中でも一貫した使われ方をしているわけではない。だが労働社会学がどのような学知を提供しうるのかをめぐって重要ないくつかの示唆を与えている。

河西の議論から明示的に読み取れるのは、「当事者の論理」は労働社会学が雇用や労働をめぐる制度に対してどのような観点から評価を与えうるかに関わる概念だということである。河西は、労使交渉や争議を通して獲得された制度について、それが当事者によってどのような意味付けをされていたものかを把握せずに批評を行う議論に批判的である。

『世界』においては、電産型賃金体系の「生活保障給」が労働の質を加味しない「悪しき平等」であるとする批判に対して、当時の労働者の生活状態を加味すればどのような仕事であろうと「同質化」していたことをふまえれば、あまり説得力をもたないものであると反論している(『世界』三一四—五)。「能力給」についてもそれが後に職階・職務給が導入され労働者同士が分断される可能性を準備してしまった一方で、それらは当時としてはあくまで労働者の生活を保障するという論理のもと、「生活保障給」に対する上積み部分として準備されていたことを『世界』『興亡』を通して指摘している。『正社員化』では、新広電支部が契約社員の正社員化を行う際に一部の正社員の給与を減額したことについて、それが「賃金シェア」の事例としてマスコミに報道されたが、あくまで組合が「減額」を最小限になるように配慮していたことを踏まえなければ不十分な把握だと指摘している(『正社員化』二五八—九)。このように「当事者の論理」の視点を活用した制度への評価は、研究者以外の言説についても応用されている。「当事者の論理」は、研究者を含めた外部の言説に対して、行為者の状況や意図の分析を踏まえることによって、社会学独自の制度への評価を可能にする分析視点になっているのである。

このようにして、『電産』『広電』シリーズは「当事者の論理」の概念が生かされている箇所を随所に見出すことができ、実際に河西（二〇〇一）と合わせて読めば、そこで定式化されている方針が実演された著書として読むことができる。政労使の対立・労働者同士の対立・労働者と組合の対立といったアクター同士の関係を、「当事者の論理」に着目して記述していくことが労働社会学の方針として重要であり、河西の具体的な分析は、そうした方針を実際に行う上でのチュートリアルとしての意味を持ちうるものなのである。

3‐6　河西宏祐と労働社会学教育

本章では河西宏祐が労働社会学教育にも力を注いできた論者であることを踏まえつつ、その後期におけるテキストの意義について検討した。第3節ではまず、そのアクターに注目して議論を展開した。河西は労使関係と政治的な関連を射程に収め、その議論を行っている。さらに重要なのは労働者の間でも組合の執行部と組合員の間の対立もその射程に収めているのである。第4節では、議論の宛先として、日本的経営や労働をめぐる記述状況、労働研究内の議論の変化や労働組合の実践という多様な対象に向けた議論を行っていることを確認した。第5節はそうした組合を社会学的に記述する上でどのような点が重要であるかを論じた。そこでは労働者を生活者として把握することが重視されており、そのために調査や生活給という考え方が用いられた。方法的に主要な概念である「当事者の論理」もこうした背景から必要になったものであった。こうした河西の議論は、労働現象が多様なアクターによって成り立っていること、労使関係や労働政策の動向に研究者の理論も左右されることをふまえたうえで、社会学独自の記述を達成するための指針を、各書の記述の中で示しているのである。

本章では『電産』『広電』シリーズがそれぞれに「当事者の論理」を把握するという方針を具体的に実施するうえでのチュートリアルとなっていることを指摘した。ここで重要なのは、それぞれのシリーズを可能にしている資料体が異なることである[8]。前者は歴史的資料を、後者はインタビューや参与観察を主要なデータとしている。河西は労働社会学の主要な調査方法として聞き取りを重視しているが、「当事者の論理」という汎用性の高い概念を置くことで、実際には労働社会学がより多様なデータを扱いうることを自身の研究の中で遂行的に示している。『電産』『広電』は、それ自体は教科書としての体を取ってはいないが、労働社会学がどのような調査に基づいてどのような独自性を持った知を産出できるのかを河西自身が実演したものとして読まれるべきだろう。実際には現状分析も歴史分析もと行うのは難しいかもしれないが、だからこそ河西が扱っている視点の広がりから自らが採用しているデータや方法の可能性と限界を見定めるべきなのである。

このように『電産』『広電』は「当事者の論理」という概念のもとにつらなる教育プログラムとして読解することで労働組合に限られない対象を扱う研究者にとって有益である。しかしその一方で、河西が教育プログラムとしても用意できなかった論点がいくつか存在するように思われる。ここでは、そうした限界を二点述べたい。

第一に、労働者の個人化という点である。河西は、そのキャリアの中で終始労働組合の分析に力を注いだ。このことに多大な意義があったことは本章でも指摘した通りである。しかし、労働組合の組合員が多かれ少なかれすでに組織化された労働者である点で、そうした組織と関連を持たない労働者をいかにして扱うかという問題が存在する。現在、労働組合組織率は一七％程度にまで低下しており、そうした労働者はさらに増加していく可能性がある。こうした労働者においていかにして連帯を実現するかは現在の労働社会学の大きな課題の一つであると思われるが、そこでも「当事者の論理」を捉えることは依然として有効な方針でありうるだろう。

第二に、河西が労働組合の活動の中でもとくに争議に焦点を当てたことによって生じている限界がある。それは、経営側による支配と労働者側による受容や抵抗の記述それ自体が素朴に記述できない事例をどのように扱うかという点である。争議では、その性格上、労使双方が明確に対立しており、かつ要求も制度化されているため、その結果をどこまで労働側が受容して抵抗したかに関する指標として取り扱うことができる。しかし近年では、組織文化論の発展などを受けて、そもそも経営に対して抵抗すること自体が企業による統制過程にあらかじめ組み込まれている「規範的統制」の事例が報告されるようになっている（Kunda 1992＝クンダ 二〇〇五）。若年労働者を中心として指摘される「〈やりがい〉の搾取」（本田 二〇〇八）なども類似した現象として指摘できるだろう。

しかし、河西の議論はこうした現象を考察するうえでも重要である。河西の議論を今後引き継ぐうえで問題になってくるのは、支配と抵抗の線引きをどこに置くのか、言いかえれば何を「搾取」として把握し、把握しないのかという論点である。「規範的統制」や「〈やりがい〉の搾取」は支配として把握する領域を拡大していく動きとして理解できるが、実際には、「規範的統制」のもとにあるように見えても、そうした統制の仕方からは脱している労働者の事例（宮地 二〇一二）も存在する。このことを踏まえると、「規範的統制」や「〈やりがい〉の搾取」は、労働者を実態に即さない形で「判断能力喪失者」（Garfinkel 1967）として扱ってしまっている可能性もある。

ここから導かれるのは、「搾取」かどうかを現象として同定するためには、そこで労働者が用いている能力を捉える必要があるという点である。こうした論点について河西は具体的な示唆を行うに至っていない。こうした論点は、冒頭で取り上げたような雇用労働を前提としない労働のあり方をいかに労働社会学的に扱うかという課題と関わっている。しかし、そこでも「当事者の論理」や「労働者文化」という視点が必要になってくることは確かだろう。そうした、雇用労働を前提としない労働に関する問題に取り組む際にも、雇用労働をベースに議論を積み重ねていた河西の貢献が不可欠な土台になるに違いない。

注

1 社会学分野での労働研究の創始者である尾高邦雄は、職場の人間関係を通して日本社会の特質を明らかにするという視点を打ち立てた（尾高 一九五三）。近年では伊原亮司（二〇一六）がトヨタと日産を事例に根強い日本的経営とそれへの労働者の抵抗を描いている。

2 日本労働社会学会が発行する『日本労働社会学会年報』第一一号（二〇〇〇）では、「フィールド調査〝職人芸〟の伝承」という題目で、複数名の研究者が労働研究における質的調査の重要性を主張している。

3 日本的経営の揺らぎが社会学内で意識されていることの傍証として、周辺労働への焦点化という動向が二〇〇〇年代以降顕著に存在する。代表的なものとして、二〇一〇〜一二年にかけて刊行された全六巻の『労働再審』（大月書店）シリーズがある。このシリーズは若年非正規雇用や外国人労働などそれまで周辺とされてきた労働のあり方に焦点を当てている。

4　論文としては、河西（一九八九）の第一一章にすでに広電支部の事例が取り上げられている。

5　二〇一七年に労働政策研究・研修機構発行の『日本労働研究雑誌』で特集された「この概念の意味するところ」における「賃金」では、経済学・法学・労使関係論・経営学における賃金の把握の仕方が簡潔に紹介されている。たとえば経済学では「労働サービスに対する価格」（川口二〇一七：三二）、労使関係では「賃金は労使交渉の結果、決定される」（金子二〇一七：二六）、法学では「労働契約によって使用者が労働者に支払うことが合意された労働の対価」（岩永二〇一七）、経営学では『誘因』としての賃金」（江夏二〇一七：二九）という視点が取られる。これらのうち生活給への言及が存在するのは、賃金が多様な形態を取りうることに自覚的な経営学のみである。しかしその経営学でも、生活保障給や年功給といった要素は従業員を動機づける要素の一つの候補であり、必ずしも不可欠な要素とは位置づけられていない。

6　石田光男（一九九〇）は、イギリスと日本における賃金制度の比較を行うなかで、賃金体系がそれぞれの国家における成員の価値観の表象であることを指摘していた。河西の視点は、そうした石田の指摘も含めて、賃金が労働者個人や特定の企業や職業において流通している価値を捉えるうえで有意義であることを示唆しているのである。

7　この概念は河西（二〇〇一）においても、労働社会学の中心的指針として取り上げられており、その学知の独自性を河西がどのように捉えていたかと強く関わる。労働経済学が労働力を基礎概念に労働市場の経済的法則を解明することや、労働法学が法律を基準に法解釈を行うことなどとの差異として述べられている。この論点は、本章がここまで論じたように河西が多様な労働研究上重要なアクターを詳細に記述している点と関わる。

8　こうした差異の背景には、前者においては確定した過去の現象を取り扱っていたのに対して、後者では河西自身がリアルタイムで現象を追っていたという、対象との時間的な関係性の違いもあるだろう。

第4章　河西労働社会学の別様の展開可能性

4-1　ポスト工業社会における労働者組織

日本の労働研究では、一九七〇年代以降から、大企業製造業に従事する男性の組織労働者を中心とする社会像が崩れ始めたことについて、「ポスト工業化」などの用語で議論してきた。とくに社会学では、新たな労働者の連帯や共同性のあり方が模索されるようになった。本章では、既存の労働社会学が労働者の共同性の問題について伝統的に労働組合を取り扱ってきたことに着目し、それらをめぐる議論を再検討しつつ、労働社会学が取り得る別様の方向性として、労働者が労働者組織を必要とするような個人的な契機に着目することの有効性を論じる。

第二次産業中心の社会から、第三次産業中心の社会への変化は「ポスト工業社会」と呼ばれ、雇用労働への影響が論じられてきた(藤田 二〇〇八)。こうした動向に伴う一つの変化が、雇用の流動化である。カレバーグ(Kalleberg 2000)は安定的な雇用保障を欠いた「非標準的労働編成」の増加を論じている。また、ピンク(Pink 2001= ピンク 二〇〇二)は、ポスト工業化に伴い生まれた新たな職種の多くが個人請負によって担われていることを指摘している。これらは、労働社会学が従来対象としてきた労働者の共同性の基盤を脅かすものとなりうる。

労働者の共同性という文脈の中でも、伝統的に労働社会学が注目してきた対象として、労働組合がある。とりわけ、日本的雇用慣行とも関連して、企業別労働組合の社会学的研究が膨大に蓄積してきた(尾高 一九六二; 稲上 一九八一; 河西 一九八一; 二〇〇七; 坂編 二〇一五; 飯嶋 二〇一六など)。しかし、労働組合組織率が低迷していること、そして企業別組合がしばしば「女老外」(女性・高齢者・外国人)に加えて非正規雇用労働者を包摂しない傾向があったことを背景として、企業別組合を労働者が主体性を発揮する場として捉えることには困難を生じつつあるように思われる。たとえば、飯嶋和紀(二〇一六)は労働組合の認知度が低下し、影響力が乏しくなっていることに危惧を表明している。また、橋口昌治(二〇一一)はポスト工業社会においては個人が抱える問題も断片化し、以前のように集団の問題を集団で解決するという方針が取りにくくなっており、そのなかでいかなる労働運動が可能かという課題が生じていることを論じている。

こうした動向のなかで、二〇〇〇年代以降から注目されているのが、社会運動ユニオニズム(Social Movement Unionism: SMU)や個人加盟ユニオンといった、新たな労働者組織である。これらの組織は、ジェンダーやエスニシティなどの社会的属性に連帯の基盤を求めることによって、労働者間の断絶を乗り越え、労働者が企業別組合とは異なる主体性を発揮する場となることが期待されている。以下で詳しく論じるように、すでにいくつかの成功事例が取り上げられ、それを可能にしたさまざまな背景が社会学者によって考察されている。

本章も、労働者の断絶を乗り越えいかにして共同性を構築することが可能かという問題は上記の研究群と共有している。だが、ポスト工業化の中で労働組合の存在感が低下してきたことを踏まえるならば、労働者がそうした組織に関心を有するようになる契機を見いだすためにいかなる視点が必要かについて考察する必要がある。

本章では、そうした視点を与えることを可能とする考え方を、企業別組合の研究で功績を残した社会学者である河西宏祐の議論が内包していたことを論じる。河西は、少数派労働組合研究で功績を残したが、単に労働者階級が連帯を形成し資本に抵抗するというよりも、労働者個人がそうした連帯を求める契機はいかにして可能かという問いに独自の枠組みを練り上げていた。本章では、ＳＭＵや個人加盟ユニオン研究の内実を検討したうえで河西の視点を有効性と課題を示し、その課題を乗り越えるうえでの河西の枠組みにいかなる修正を加えるべきかについて議論する。

4－2　労働者組織をめぐる研究

労働組合を対象とした研究には、労働社会学内外の労働研究で膨大な蓄積が存在する。ここでは、伝統的に日本の労働研究の中で営まれてきた企業別労働組合の研究と新しい労働者組織の研究動向を検討し、その両者から本章で議論するべき論点を設定する。

4-2-1 企業別労働組合研究

労働社会学は、その黎明期から労働者階級による連帯とそれによる資本への対抗というマルクス主義的な枠組みを背景としつつも、それをさまざまな仕方で受け止めつつ展開してきた。そこで一つの論点となってきたのが、日本企業の強い共同体的性格が、労働者にとっていかなる意味をもつかという点である。そこでは、日本企業が男性正社員を中心とする明確な成員性を有していることの是非が検討されてきた。たとえば松島静雄（一九七九）は、戦後における労働者の生活保障が企業の労務管理によって担われていることを肯定的に評価している。一方で間宏（一九七四）は、日本の企業共同体が集団主義的な組織から脱却しておらず「狂気の勤勉」を導くと論じた。また稲上毅（二〇〇五）は企業共同体が「女老外」の排除を伴っていることを指摘した。これらの論者は、企業が労働者にとって持つ意味を評価しつつ、労働者の主体性の発揮という観点から、日本の企業組織が労働者の主体性の発揮の場とはなりえていないことや同じ労働者階級に属する労働者達の中でも断絶が見られることを指摘している。このように、労働社会学は労働者が主体性を発揮できる共同体を模索し続けてきたのである。

そのなかで注目されてきたのが労働組合、とくに企業別労働組合である。日本的雇用慣行が問題となった当初から、終身雇用慣行や年功賃金と合わせて、企業別組合はその重要な一要素とされてきた（経済協力開発機構編一九七二）。このような問題意識の中で、経済学を中心に展開されたのが、日本の年功的労使関係に基づく内部労働市場と、企業別組合の相補性という論点である(白井 一九八〇)。とくに小池和男(一九七七)は、そうした相補性の議論を発展させ、労働組合の組織や機能に関する日米比較調査を行い、日本の労働組合が仕事上の問題に強い発言力を有することや、アメリカにおける従業員組織との類似性を明らかにした。これらの経済学を中心とした研究群は、労働組合の「経営内的機能」[1](河西 一九八一)、つまり経営に直接貢献する機能に着目し、実証研究を通してその評価を行ってきたものだと位置づけることができる。

それに対し、社会学的な立場からなされた労働組合研究では、河西(一九八一)の「経営外的機能」(経営に直接資するわけではないものの、関与する労働者に利益をもたらす側面)という概念に代表されるように、労働組合が労働者の共同性の基盤となっていることに注目する研究が蓄積してきた。まさにこの側面に労働組合研究における社会学独自の視点を設定することを試みたのが河西宏祐の一連の研究である(河西 一九七七；一九八一)。とくに河西(一九八一)では、少数派労働組合への聞き取りや参与観察調査に基づき、組合が職場外の生活にまで関与する連帯の場となっていることが明らかにされている。稲上(一九八一)も、国鉄動力車労働組合(動労)への集中的な聞き取り調査から、組合員が寝食を共にするような濃密な人間関係を形成しており、それが連帯の基礎となっていることを論じている。これらの研究は、労働組合という共同体を基礎としつつ、労働者が互いに連帯し助け合う共同性を築いていることを指摘している。

このように、とりわけ社会学の企業別組合の研究は、それが持つ多様な機能を解明することに貢献し、「経営外的機能」に独自性を見いだしてきた。しかし、前節でも論じたように、企業別組合がその存在感を減じるにつれて、徐々にそれを研究対象とすることに疑義が呈されるようになっていく。

4-2-2 新しい労働者組織の研究

そのような中で注目を集めるのがSMUと個人加盟ユニオンに代表される新しい労働者組織である[2]。SMUの定義は研究者によっても異なるが、福井祐介(二〇〇五)は「既存労使関係制度の中で安定した労働組合とは異なった組織運営や組織化方法をもちいて、非正規労働者、女性、エスニックグループなどを対象とする労働運動」と定義している。個人加盟ユニオンとは、遠藤公嗣(二〇一二)によれば、企業横断的に存在し個人でも加盟できる合同労働組合のうち、「地域組織援助型」「一般組合転化型」「特定労働者志向型」のいずれかにあてはまるものを指すとされる。

これらの新しい労働者組織が日本において注目を集めるようになったのが二〇〇〇年代以降[3]であることと関連して、国内外の事例に関する研究を積み重ねようとする動きが見られる。国際労働研究センター編(二〇〇五)では、アメリカで展開されたSMUの事例が全二一章にわたって紹介されている。遠藤公嗣編(二〇一二)では、日韓の個人加盟ユニオンや労働NPOの取り組みに関する論文がまとめられている。これらの研究群は貴重な事例を取り上げており、理論的な検討に値する論考も見受けられるものの、全体としては統一的な視点を欠いた事例集としての側面が大きい。このことの一因は、伝統的になされてきた企業別組合研究との連続性が捨象されて論じられていることにある。

数少ない例外が小谷幸（二〇一三）である。小谷は遠藤の分類で言うところの「特定労働者志向型」に焦点化しており、その中でも最初期に設立された「東京管理職ユニオン」（一九九三年結成）と「女性ユニオン東京」（一九九五年結成）に着目している。小谷はこの二つの個人加盟ユニオンへの調査を通して、個人加盟ユニオンが有する機能の考察を試みている。その中で、小谷は河西（二〇〇一）の組合員の主体的参加の程度や組合活動への評価に着目する「主体性」論に即して自身の分析枠組みを設定している。小谷は、組合研究を「経済的機能重視」と「社会的機能重視」に分類し、後者に着目した研究を個人加盟ユニオンでも遂行することの重要性を主張している。小谷のいう経済的機能／社会的機能という区別は河西の「経営内的機能」／「経営外的機能」という区別と重なる仕方でなされている。

小谷の研究は河西の指摘を活かし展開されている点で重要だが、ポスト工業化の動向に照らしたときには、さらなる課題が指摘できる。つまり、個人加盟ユニオンに加入する以前に、そもそもいかにして労働者はそうしたユニオンへの関心を有するようになるのか、という点である。ポスト工業化の文脈のもとでは、労働者の個人化は進行し、以前にもまして自らの問題を集合的に解決することを志向しにくくなっていると考えられる。むしろ、SMUや個人加盟ユニオンといった新しい労働者組織の研究が重要であるのは、企業における成員性を共有しないにもかかわらず、一定程度の労働者の関心を引きつけ、組織化できている点にある。しかし、その組織化ができることの前提とは何なのだろうか。

そこで本章では、新しい労働者組織の研究がいかにして労働者が組織される過程を論じているかに着目し、そこにある課題を析出する（3節）。そのうえで、個人がいかに自らの境遇を受容するのかに着目する視点の必要性を指摘し、そうした議論の可能性をまさに河西が用意していたことを論じる（4節）。こうした手続きを通して、河西の貢献を新しい労働者組織研究の文脈で引き継ぐための別様の仕方を提示する。

4-3 新しい労働者組織の経験的研究

4-3-1 SMU・個人加盟ユニオン研究における共同性

新しい労働者組織に関する実証研究としては、コミュニティ・ユニオンとNPOの類似性を扱った福井（二〇〇三）、産業別組合地域支部のコミュニティ・ユニオンとしての活動を扱った兵頭淳史（二〇一三）、若者が個人加盟ユニオン等を通して労働運動に参加していく過程を描いた橋口（二〇一一）、日韓の個人加盟ユニオンや労働NPOの実態を描いた遠藤編（二〇一二）がある。本章では、そうした中でも労働者が形成している共同性に焦点を当てているSMUや個人加盟ユニオンの事例研究に着目し、それらがどのような調査や分析手続きによって労働者の共同性を論じているのかについて検討する。具体的には、前章でも取り上げた小谷（二〇一三）と、SMUの事例研究でかつ労働社会学に理論的な貢献を果たしていると思われる中根多惠（二〇一七）と山田信行（二〇一四）を取り上げる。

(1)組合員の意識変容としての社会的機能

小谷(二〇一三)は、「東京管理職ユニオン」と「女性ユニオン東京」を対象として、アンケート調査・インタビュー調査・参与観察といった集中的な事例研究を行っている。個人加盟ユニオンを総合的に対象にせず[4]、二つの事例に特化して研究を行うことの意図について、小谷は「組合員の自己変容のプロセスを再構成し、一般組合員の『当事者の論理』に迫ること、また社会的機能としての組合員の不満解消・意識変容プロセスに立ち入った観察を行うことを通じて、観察された事実から日本の個人加盟ユニオンの社会的機能を貫く内的な論理を導き出そうとする」(小谷二〇一三：二二)という研究課題を設定している。

この研究課題は、組合員の意識変容を概念的に分析するという手続きによって達成されている。小谷は、組合員意識の分析概念として「初発の感情」「欲求性向」「原初の意識」「原理の意識」という四つの段階的な概念を設定する(小谷二〇一三：二〇―二)。第一が「初発の感情」であり、例えばリストラによる心理的動揺・不安・喪失感などを指す。第二が「欲求性向」であり、リストラで被った金銭的・物質的損失などに対する欲求を指す。第三が「原初の意識」であり、理不尽なリストラに対する怒りや正義感などの精神的な要求を指す。第四が「原理の意識」であり、個の確立や対等性重視の意識、生活を問いなおそうとする一貫した意識などを指している。こうした概念の設定によって、組合員が「原理の意識」に到達しているかどうかが、ユニオンの活動を評価する際の焦点となる。

こうした概念枠組みのもと、小谷は二つのユニオンの事例を分析していく。ここでは、小谷が分析の結果として社会的機能を有する傾向が顕著であったと述べている、女性ユニオン東京の事例に即して議論の整理を行う。

このユニオンでは、女性の労働運動の自立性を強く打ち出しており、スローガンとして「一人のプロより一〇〇人のセミプロ」(小谷 二〇一三：一五二)を掲げ、組合員お互いがボランティアで支援し合うという方法を採用している。

小谷は、団体交渉を実際に経験した組合員へのインタビューから、紛争が経過し解決する段階に近づくにつれて、「原理の意識」が生成していく場合があることを見いだしている。ここでいう「原理の意識」とは、会社から心理的距離を取ることができることになったり、夫に対して気兼ねなく言うべきことを言えるようになったりするなど、公私にわたって対等性を獲得すること、加えて「女性も男性も働きやすい社会」に向けての運動意識をもつということを指し示している(小谷 二〇一三：一八五―六)。つまり、ここでの焦点は会社や夫などの他者への依存から脱し、自らの意思でよりよい社会を構想することができるような「個の確立」(小谷 二〇一三：一八五)を達成することに当てられている。

さらに小谷は、組合員の意識変容を「お客さん型」「自己主張型」「価値観変容型」「ジェンダー・センシティヴ型」の四つに分類する(小谷 二〇一三：一八八)。「お客さん型」は手段的に女性ユニオン東京を利用し、自主性を育めなかったタイプである。「自己主張型」は労働問題について正当な要求をしてよいことを理解しているが、それが自分自身の問題に限る形でのみ理解しているタイプである。「価値観変容型」は、自分の問題をより広く社会とのつながりの中で把握できるようになった者を指す。「ジェンダー・センシティヴ型」は、自らの問題を単に社会的問題として把握できるだけでなく、より問題を特定して、女性性や男性性、性差別の問題として認識できるようになる者を指す。こうした分類を行ったうえで、小谷は「ジェンダー・センシティヴ型」が、組合への定着率が高く、かつ原理の意識を生成させていることを見いだしている。このような手続きによって、単に小谷は組合員が原理の意識を生成させているかだけではなく、女性ユニオン東京という、女性が集う個人加盟ユニオンという場に特有の組合員の意識変容を捉えることに成功している。こうした意識のあり方は、女性ユニオン東京のスローガンにもある「セミプロ」の具体的なあり方を示してもいる。小谷は、「ジェンダー・センシティヴ型」への意識変容の過程が確認できることをもって、女性ユニオン東京に社会的機能が指摘できると結論づけている（小谷二〇一三：一九五）。

小谷はリストラされた管理職や女性からの労働相談など、労働者がユニオンを必要とする契機について言及したうえで、組合員の意識変容に照準することで重要な知見をもたらしていると評価できる。しかし、この意識変容の問題は、労働組合の活動との関係でのみ取り上げられるに留まっている。その結果として、個人加盟ユニオンをいかにして知り、加入にまで至ったのかに関する分析が乏しい。また、同書の書評において京谷栄二が指摘するように、小谷が分析概念として取り上げる社会的機能は、実際にはその内実が曖昧である（京谷二〇一四）。経済的機能／社会的機能という区別が河西の経営内的機能／経営外的機能の議論を引き継いでいることは明らかだが、河西の議論はその二つの機能を指摘するだけでは留まっていない。この論点は4節で立ち返る。

そうした議論に移る前に、以下では、小谷が十分に論じなかった、そもそも労働者が組合に組織化される経緯にも経験的分析の焦点を当てている二つの研究を検討する。

(2)外国人語学講師のインフォーマルな人間関係

中根（二〇一七）は、語学産業や教育機関で働く語学講師など、日本で働く外国人労働者の労働運動に関する事例研究を行っている[5]。中根は、国内外におけるオルタナティヴな労働組合研究の動向をレビューしたうえで、日本のオルタナティヴな労働組合運動はアメリカのＳＭＵと比較すると異なる特徴を有するにもかかわらず、ＳＭＵ研究の知見を日本の文脈に応用し発展させていくことの重要性が指摘されてこなかったと中根は論じる。とりわけ日米の差異として大きいのは、アメリカではＳＭＵが主流の大規模組合によって担われているのに対して、日本のオルタナティヴな労働組合運動は、主流の組合の外部で展開されてきたという点である。このため、日本のオルタナティヴな労働組合運動は、比較的脆弱な基盤のもとで運動を展開せざるを得ない。こうした事情から中根は、「日本の労働組合研究においては、まずはそうした連帯を可能にするべく個別の労働組織がひとつの運動体として組織を存続維持しえる条件を追求することがまず真っ先に求められるだろう」（中根二〇一七：二六）と、明確な形で課題を述べている。

中根がとくに着目しているのは、ＳＭＵが重視していた労働組合組織の「戦略性」である。戦略性を論証するために中根は、外国人労働者の組織化と彼らの労働の権利を追求する運動、つまり多国籍ユニオニズム（Multinational Unionism: MU）に着目する。この対象を選定する理由は、外国人労働者を取りまく環境は日本人労働者と大きく異なること、そして日本における外国人には市民権などの法的権利がないため、個人の政治参加や運動を政治的回路につなげることが難しいためである（中根 二〇一七：三〇）。つまり、存続のためにことさら戦略性が必要と考えられる労働者組織を対象とすることによって、労働者組織が具体的に採っている戦略の方向性を析出しようとしている。

中根は、六つあるMUの代表的組織のうち、自らの研究対象を大阪府大阪市に所在する「ゼネラルユニオン（GU）」に設定する。GUは一九九一年に設立され、「語学学校教師や教育機関で語学を教授する教員などの専門的な知識・技術を有する外国人労働者」（中根 二〇一七：四五）を組織化対象としている。GUは、外国籍組合員比率が高くかつ組合の設立母体が存在しないため、他のMUと比べても不利な立場にあるにもかかわらず、組織体制が整備されておりかつ運動を持続的に展開することに成功してきたと中根は論じる。こうした対象のもとで、いかにしてGUが未組織労働者の組織化や組合員動員を図ってきたのかが調査に基づいて分析されていく。

中根の分析は、①未組織労働者の組織化戦略、②組合員の活動参加の規定要因、③市民社会への組合活動の正当性付与という三つの水準において展開される。本節では、新しい労働者組織の研究が着目することの多い論点であり、かつ次項で論じる山田（二〇一四）の枠組みを援用しつつ展開されている、①における分析手続きに着目する。

①の分析において、中根はGUの動員戦略が、エスニシティを背景にし、それに基づくネットワークがどのようにして未組織労働者の組織化につながっているのかを解明しようとする。

まず中根は、質問紙調査に基づいて、実際に加入した労働者がどのようにしてGUを知ったのかについて分析している。その結果として、回答者の七割以上が「知り合い」を通してGUを知っており、なかでも同じ職場で働く組合員を通して知る場合が多いことが明らかになった。他の組織でなくGUを選んだ理由についても、同様に職場で形成された社会関係が重要な役割を果たしていることが示された。

次に、組織化するだけでなく、その後いかにして日常的な活動に組合員を動員させることに成功しているのかが、GUの一支部であるPL1支部(PL1社に勤める講師で組織された支部)を事例とした聞き取り調査をもとに分析される。ここで中根は、支部のリーダー層を中心とした組合員がどのような社会関係を取り結んでいるのかについて、詳細な分析を展開している。たとえば、PL1社の講師たちは毎週土曜日に飲み会を実施しているが、そこで誰が誰を組織化しているか、組織化した者、された者、既存のGUメンバーなどがどのような関係にあったのかなどが整理されている。ここで重要なのは、職場の仲間同士の飲み会という、仕事上の日常的な空間において組織化が展開されることである。こうした戦略が採られることで、「職場仲間が形成するインフォーマルな社会関係のなかにGUの組合員が埋め込まれることで、GUの運動組織という堅苦しく関わりにくいイメージではなく、ルーティーン化された生活のなかの選択肢としてのイメージを与えることが可能になることが分かる」(中根二〇一七:九七)と指摘している。

中根のこうした議論から示唆されるのは、加入から活動参加に至るまで、ユニオンの活動が活発に行われるかどうかが友人ネットワークや組合における連帯・帰属感などの、所属する共同体との関わりに強く依存しているという点である。こうした知見は、組合員の意識変容に特化した分析を展開した小谷(二〇一三)に対して独自の視座を提供しているということができるだろう。しかし、中根の議論はその理論的文脈をSMUや個人加盟ユニオンの研究群の中に位置づけているために、より広く労働社会学で蓄積されてきた議論との関係性が必ずしも明確なものにはなっていない。この点を展開していくためには、類似の対象を扱いつつも、より広い理論的貢献を与えようとする研究を検討することが有効だろう。

次項では、そうした研究として、山田（二〇一四）の具体的な事例研究の手続きを検討する。

(3)オルガナイザーと移民ネットワーク

山田信行（二〇一四）はSMUについて、その運動形態だけではなく、労働社会学をめぐる理論的な文脈においても注目に値するものとして議論している。山田は、移民労働者に利害が集中する問題から運動が展開したものとしてアメリカにおけるSMUに着目している。山田は、アメリカの労使関係制度について二〇世紀前半からの歴史的展開を検討するなかで、それが一九三〇年代ごろには労働側に優位な形で展開していたが、第二次世界大戦後になって徐々に雇主優位に転換していったことを論じている。それをもたらしたのは、雇主による生産拠点の半周辺・周辺国への配置転換と、移民労働者の雇用である。山田は、これを「労使関係に前資本主義的社会関係を動員し、それらの関係によって労使関係における資本主義的な社会関係を代替することを目的としていた」（山田二〇一四：五七）と特徴付ける。とりわけ移民労働者は、雇主と前資本主義的な社会関係を取り結んでいることが多いため、雇主は劣悪な労働条件を温情主義のイデオロギーによって正当化することが可能だった。

このように、移民労働者は前資本主義的な社会関係、もしくは「コミュニタリアンな関係」(山田二〇一四：六七)に基づいており、従来的にはそれは専制的な労使関係に包摂されるものとして認識されていた。ＳＭＵが労働社会学的に注目に値するものとみなされるのは、そうしたコミュニタリアンな関係を持つ移民労働者達が、その関係を雇主に利用されるのではなく、自ら利用することによって、大規模な労働運動を巻き起こしていったことにある。山田は、移民労働者がアメリカ国内におけるコミュニティを通じて組織されていることに着目し、それが強固なエスニックな紐帯の獲得に寄与していることを論じる。このとき、もはや移民労働者は雇主の専制に包摂されるものではなく、雇主に対して競合的な労資関係を形成することが実現されている。つまり、「前資本主義的な社会関係を動員する担い手は、雇主からＳＭＵにおける労働者組織に転換したのである」(山田二〇一四：六九)。こうした把握が実態に即している限りで、ＳＭＵは労働社会学が伝統的に追求してきた労働者の主体性が発揮される共同体としての性質を、明瞭な形で有しているといえる。

では、こうした転換はＳＭＵの中でどのように行われたのだろうか。山田(二〇一四)は、第Ⅵ章「組織化と社会的ネットワーク――ローカル組合と労働者センター」において、ＳＭＵの特徴でもある「移民相互の社会的ネットワークあるいは社会関係資本が、前資本主義的な性格をもったコミュニタリアンな社会関係であり、組織化活動を通じて労働者組織がそうした関係を回収することに成功している可能性」(山田二〇一四：一一七)を具体的な事例を通じて検証する。この議論は重厚な理論的考察を経たうえで展開される経験的分析の開始にあたり、そこで山田が何を分析しているかは着目に値する。

山田は、自身がアメリカで調査した複数の労働者組織のうち、オークランド市を拠点とし在宅看護サービス労働者を組織している「ローカルA」、サンフランシスコ市を拠点としホテル従業員が組合員の八〇％を占める「ローカルE」、オークランド市を拠点とし半数がホテル従業員で占められる「ローカルF」、そしてサンフランシスコ市内のチャイナタウンに本拠を置く労働者センター「労働者センターA」を事例として取り上げる。

山田が着目するのは、これらの労働者組織が組織化を進めていく際に、組織のオルガナイザーと移民ネットワークのリーダーがどのような関係にあったか、という点である。オルガナイザーは、組織化活動を進めていくうえで、対象となる労働者のリストを作成し、電話勧誘・戸別訪問・職場の同僚への聞き取りなどを通して、実質的な組織化を担うリーダーを選定する。リーダーは、会議の参加の促しや勧誘電話などを通して、職場の同僚の組織化を進める。

山田のいう「コミュニタリアンな社会関係」との関連で重要なのは、選定されるリーダーは、組合だけではなく移民ネットワークにおける重要人物でもある場合があることである。ローカルE・Fの事例では、移民ネットワークのリーダーをいかにして組合のリーダーに取り込めるかどうかが、組織化の決め手になると、組合が意識していた。オルガナイザーは、ときには自ら組織化された組合員とコミュニケーションを取ったり、リーダーと連絡を取り合ったりすることによって、組合員の動向を把握する。こうした移民ネットワークに依拠した活動によって、組合の組織化は進められていく。こうした知見は、SMUがまさに前資本主義的な社会関係を動員していることの証左になっているといえるだろう。

だが、山田の分析は単に理論的考察を確認することには留まっていない。ここでは山田が指摘している事柄のうち、二点に着目したい。第一に山田は、ローカルAとローカルE・Fにおいて、オルガナイザーと移民ネットワークの関係が異なることを指摘する。前者については、オルガナイザー自身が中国の広州出身の在宅介護労働者であり、かつリーダー以外の組織化された一般労働者とも広く面識を有していた。それに対してE・Fでは、オルガナイザーがしばしば大学卒の学歴を有する「エリート」であり、日常的には一般の労働者と接触していない。この結果、前者ではオルガナイザーは移民ネットワークの内部に位置するのに対し、後者では外部に位置することになる。山田は「移民の社会的ネットワークが、ローカルAにかなりの程度動員されており、そのことを通して移民たちのコミュニタリアン(communitarian)な社会関係に媒介された組織としての結束力が確保されているということになろう」(山田二〇一四：一三八—九)と指摘する。オルガナイザーが移民ネットワークとどのような関係を結んでいるかが、実際の動員の成否に関わるのである。

もう一点の重要な指摘は、移民労働者を動員する際の困難に関わる。各組合は移民ネットワークに依拠して組織化を進めるが、その結果として組織化がエスニシティごとになされることになり、そのエスニシティ間で対立が起きる場合があるという。ローカルAの事例では組合執行部の選出に対し、異なるエスニシティ出身の候補者に反対票を投じる傾向が見られることが報告されている。また、とりわけローカルE・Fにおいては、オルガナイザーが移民ネットワークの外部に位置するために、移民労働者のネットワークの実態に未知の部分が残る。その結果として、ネットワークを実際に動員できる程度は少なくなるだろうと山田は推測する。ここで問題とされている「未知の」移民労働者は、リーダーを通して組織化こそされているが、具体的な運動を展開する局面となった場合には、行動を起こさない可能性がある。山田の分析は、単にSMUが成功した事例を取り扱っているのではなく、SMUが抱える課題にまで射程を広げたものになっている。

4-3-2　新しい労働者組織における個人と共同体

ここまでで、小谷(二〇一三)、中根(二〇一七)、山田(二〇一四)それぞれの経験的分析の手続きを検討してきた。小谷は組合員の意識変容に、中根と山田は組合員が形成している社会関係や共同体に着目することで、新しい労働者組織が有する機能を捉えようとしてきた。この三者に共通するのは、労働者組織が従来の労使関係の枠組みだけでなく、その外部に連帯の基盤を有している場合があること、そしてそれが単なる経済的・利己的な関心に基づく労働者意識や共同体の性格に依拠しているのではないということである。これらの知見は、山田のいう「コミュニタリアンな関係」の重要性を改めて確認するものである。

さらに重要なのは、上記の研究は、その中心的な関心こそ労働組合の活動の内実に置かれているものの、なぜ労働者が労働者組織を求めるようになったのかについても言及を行っていることである。たとえば中根であれば、外国人語学教師が十分な雇用保障を得られないことを契機として、ユニオンの活動が組織されていた。このように労働組合の組織化が進行するときには、その前提になる個人の契機が存在する。労働者の個人化という文脈のもとでは、この個人契機に着目する視点を意識化し、それを具体的に捉えていく視点を確立することが重要な課題になるのではないか。山田も述べるように、労働者のネットワークの把握には未知の部分が残らざるを得ず、未組織の潜在的な労働者が常に存在しうる。そうした労働者をいかにして捉えるかという点は、上記の研究でも未解決である。

新しい労働者組織に関する先行研究の到達点と課題から導かれるさらなる論点は、共同体を構成しうる個人が立ちあがる契機を記述する視点を設定することである。この視点は、上記の二点の課題を同時に克服することを可能にする。というのも、山田のいう未知の部分に含まれる、未組織労働者を対象としてもこの視点は展開でき、同時に共同性の前提条件を捉えようとすることで既存の組合研究との連続性も見いだせるからである。個人から出発して労働者が形成する共同性の考察を目指すことによって、労働社会学の研究がしばしば取っていた、労働組合を一つの理念型として把握し、その内実を検討するのとは別様の研究の可能性が拓かれる。

残された問題は、こうした視点に対し、いかなる理論的基盤を与えることができるかである。その問題を考察するための一つの可能性として、小谷（二〇一三）もその分析視角の多くを負っていた、河西の議論を取り上げる。次節では、河西が労働社会学の定式化を図ったいくつかの議論を検討し、その一部に修正を加えることで、本節で導出された視点に基礎付けを与える。

4-4　河西労働社会学に基づく個人の記述

本節では、河西が自身の労働組合研究を通して打ち立てた労働社会学の研究プログラムを検討し、河西が労働者の共同性を解明するにあたってどのような枠組みを用意していたのかを議論する。

河西は、日本労働社会学会の設立に関わり、自身も少数派労働組合の事例研究（河西 一九七七；一九八一）や電産型賃金に関する歴史研究（河西 一九九二；一九九九；二〇〇七）で功績を残し、かつ労働社会学の研究プログラムをまとめた書籍（河西 二〇〇一；Mouer and Kawanishi 2005＝河西・マオア 二〇〇六）の執筆も行ってきた社会学者である。こうした研究の広がりを見るだけでも、河西の一連の研究が労働組合研究に限られず、それを通して労働社会学一般に貢献する問題を取り扱っていたことが窺える。以下ではその内実について、まず河西の労働組合研究が照準していた対象を明らかにし（1項）、それを記述するための河西が用意していた分析枠組みを整理する（2項）。そのうえで、前節で論じた新しい労働者組織研究の課題を乗り越えるうえで河西の枠組みを再検討することが重要であることを論じる（3項）。

4-4-1　河西の労働組合研究と労働者文化

河西の労働組合研究は多岐にわたる。本項では、経営内的機能等の主要な論点を詳細に議論した労働組合研究における河西の理論的主著の一つである、『企業別組合の実態』（一九八一年）を検討する。

同書は、河西が大学院生時代から博士学位取得にまでに至る研究を体系的にまとめた著作である。第1篇「経営内的機能」、第2篇「経営外的機能」、第3篇「労働者文化」の全3篇構成になっており、各篇とも河西が行った労働組合調査を基礎にしている。

具体的には、第1篇は間宏とロナルド・ドーアを中心に実施されたことでよく知られる、日英労使関係比較調査において、河西が担当した労働組合調査に基づく研究を元に構成されている。とくに、日立労組の事例が対象とされ、当時の労働運動の拠点として有名であった同労組が、実態としては苦情処理機構と化していることが明らかにされる。つまり、同労組が経営機関の補完物としてのみ機能しているということであり、これを河西は「経営内的機能」と呼んだ。

第2篇では、後の河西の代表的研究ともなる電産の中国支部調査が取り上げられており、組合が少数派に陥った中でそれに耐え忍ぶ組合員の意識に焦点が当てられている。こうした少数派組合の存続を可能にしたものとして、河西が組合員への質的調査から見いだしたのは、同労組が職場内の活動に限られず組合員の社会生活に広く関わっていたという事実である。つまり同労組は日立労組とは異なり、経営機関の補完物に留まらず、組合員の生活に寄与していた。これが河西のいう「経営外的機能」である。

河西によれば、経済学における労働組合研究には経営内的機能に焦点化したものが多く、経営外的機能に着目することは社会学的な労働組合研究の独自の視点となりうる。だが、河西の分析はこの区別を論じることで留まってはいない。

第3篇では、少数派組合ながら不当解雇などを撤回させることに成功したゼネラル石油精製労働組合を対象とし、経営外的機能の維持を可能にする条件が考察される。第3部の考察の結果、経営外的機能の維持を可能にするものとして指摘されるのが、「労働者文化」である。労働者文化とは、企業が形成しようとする「従業員文化」とは対抗的な関係にあるものであり、「人的結合関係、生活習慣、行動様式、心性（意識）などにおいて、独得の『労働者らしさ』を自律的につくりだしているものを意味している」（河西 一九八一：三三五）。この労働者文化の存在を、河西はゼネラル石油精製労働組合の中で、組合員の職制や第二組合に対する非常に強い敵対意識や、組合員同士の職場外生活までに及ぶ強固な連帯意識の中に見いだした。こうした連帯意識によって、同労組の組合員はかねてから労働社会学者が見いだそうとしてきた、労働者自身の手による秩序形成を成し遂げていたのである。

つまり河西の労働組合研究における一つの着眼点は、労働者文化が形成される可能性を探ることにあった。労働組合は理念としては労働者文化の体現である組織であり、その点で河西がその対象に焦点を当て続けたことは自然なことであった。さらに、本章が取り上げたＳＭＵや個人加盟ユニオンの事例も、労働者文化を組織として捉えることができる近年の事例として評価することが可能である。しかし、労働者自身が形成している秩序という観点でいえば、対象は労働組合に限られる必然性はないとも考えられる。むしろ個々人の労働者文化を組合が体現しにくくなるのが、「ポスト工業化」時代の労働を取り巻く状況である。そのため、労働組合や労働者組織を必ずしも前提としない形で労働者文化の記述はいかにして可能か、という問いが明らかにされる必要がある。

実際、河西自身は労働組合研究をライフワークとして行いつつも、その知見を労働社会学の研究プログラムに生かす際には、必ずしも組合を対象とすることを前提しない形で展開していた。そこで次節では、河西が労働社会学の基本問題として設定した問いを取り上げ、その再検討を試みる。

4-4-2 労働社会学における〈支配・受容・変革〉問題

本節では、河西労働社会学における問題設定を検討し、方法論的整備を進めるための論点を整理する。

河西は労働社会学が隣接する社会学の諸領域に対していかなる独自の問題を有するかに関して議論している(河西 二〇〇一：第4章)。まず確認しておくべきなのは、河西が労働社会学という語を用いるとき、その語は間(一九七五)が定式化した、経営社会学／労働社会学／労使関係論という区分に則っていることである。間は、同時代に社会学の一領域として存在感を強めていた産業社会学を評価しつつ、その対象領域があいまいであることから、上記の区分を提案した。つまり、社会の生産領域を扱う社会学のうち、経営に関する現象を扱う社会学を経営社会学、労働に関する現象を労働社会学、経営と労働の関連性を扱う領域を労使関係論と呼ぶことを提案した。河西(二〇〇一)は、この間による整理を引き受けて労働社会学を展開している。こうした学史的文脈のもとで河西は、苛酷な労働条件にもかかわらず高い勤労意欲を有する労働者の存在に着目し、以下の問題を定式化している。

この問題は、経営側における労働者〈支配〉はどのような過程を経て行われるのか、労働者はなぜ労務管理による〈支配〉を〈受容〉するのか、労働者はたんにそれを〈受容〉する存在にとどまるのか、それともそこから〈変革〉への歩みを始める契機を、その存在のうちに有するのか、といった検討すべき課題をふくんでいる。これを要するに、〈支配・受容・変革〉問題とよぶことができよう（河西二〇〇一：八〇）。

この〈支配・受容・変革〉問題は、経営社会学と労働社会学の関係を示すうえで重要である。河西は、経営社会学の場合、労務管理による〈支配〉の問題を研究課題とすれば十分であるとしている。一方で労働社会学では、労働者による労務管理の〈受容〉の問題、さらに労働者が労務管理から脱出する可能性を有する存在であるという点で、〈変革〉の可能性を検討する必要があるとする（河西 二〇〇一：八二）。その結果、労働社会学では〈支配・受容・変革〉の相互関係の研究が課題となる[6]。

河西は〈変革〉について「労務管理から自立的な労働者生活、労働者文化を確立すること」（河西 二〇〇一：八二）と定義している。つまり、〈変革〉問題は、労働者文化の確立という問題と密接に結びついた形で定義されている。加えて重要なこととして、この〈変革〉は労働者組織の存在を前提とせず、個人を対象とする形で定式化されている。河西（一九八一）では、研究対象である企業内の少数派組合の重要性を説くなかで、以下のように述べている。

なによりも重要なことは、職場のごくふつうの労働者が、いかなる過程をへて、変革主体としてみずからを形成してくるかを分析する〝大衆的主体形成論〟の視点である（河西 一九八一：一〇）。

ここで「変革主体」と言われているのは、河西自身が取り扱った例でいえば、少数派組合運動に参与するに至った労働者が含まれる。ここからわかるのは、〈変革〉という語はマルクスを意識したものであると思われる一方で、河西自身の考察対象は、労働者階級一般が資本に対して集合的に抵抗するというよりも、具体的な労働者個々人が労働運動に関心を有し、実際に活動するようになる過程に向けられていることである。こうした観点からすれば、新たな組織に着目する場合でもそうでなくとも、労働者個人に着目しつつ労働者文化の解明を目指す河西の枠組みは、有効性を持ちうる。

4-4-3 ポスト工業社会における河西理論の可能性

河西の〈支配・受容・変革〉問題は、労働組合研究に立ち返れば、自らの境遇をただ〈受容〉するのではなく、運動に参加する決心をしたことが観察された際に〈変革〉が見いだされると考えられる。しかし、こうした〈受容〉と〈変革〉の段階的把握については、検討の余地がある。

〈変革〉問題は、労働者が労務管理にただ包摂されるのではなく、主体的にそれを変容させる可能性を模索するために配置されている。労働社会学は人間を直接の対象とし、それは運動論を帰結すると河西が述べるとき（河西二〇〇一：四四）、まさにこうした可能性を模索する学として労働社会学は構想されている。つまり、労働現場の変容の可能性を見いだす知識が与えられるのならば、〈変革〉問題にはかなりの程度答えられるのである。

この点に関して、河西は〈受容〉と〈変革〉の問題を必要以上に対立的に描いている。それは、「労働者はたんにそれ［労務管理］を〈受容〉する存在にとどまるのか、それともそこから〈変革〉への歩みを始める契機を、その存在のうちに有するのか」（河西 一九九〇＝二〇〇一：八〇）という問いの提示の仕方にも表れている。だが、労働者が労務管理を〈受容〉することと、〈変革〉の契機を有することは、本来的には矛盾なく両立する。労働者が労務管理を〈受容〉したとしても、それによって職場での不満などから何らかの行動を起こす可能性は依然として残される。つまり、〈受容〉の論点にはすでに〈変革〉の契機が埋め込まれており、労働社会学の任務は単に労働者が〈受容〉しているか否かではなく、労働者がいかにして〈受容〉しているのかを詳細に解明し、その限界がどこにあるのかを見いだすことにあるのだ。この〈受容の限界〉にこそ、労働組合や社会政策に対する労働者のニーズが鋭く現れるのであり、まさにその点に河西が追求した〈変革〉問題への契機がある。

この〈受容の限界〉を模索するという方針は、労働組合組織率が低迷している現代社会における労働を考察するうえでは非常に重要である。労働運動のみが〈変革〉を意味するのならば、組合に介入していない労働者達は無条件に〈受容〉を行っているものとして扱うことになってしまう。〈変革〉を求めるのならばなおさら、その問題は〈受容の限界〉として捉えられなければならない。

ここまで、河西が定式化した労働社会学の基本問題としての〈支配・受容・変革〉という問題を現代的状況に即して再検討するうえで、〈受容〉の問題を〈受容の限界〉に至るまで詳細に解明することで〈変革〉の問いにも充分に応答可能であることを議論してきた。河西と同じ仕方で問題を定式化すれば、労働社会学の基本問題は〈支配・

受容・受容の限界〉ということになるだろう。

こうした基本問題の捉えなおしは、ＳＭＵ・個人加盟ユニオン研究においても意味を持つ。個人化が進行するポスト工業社会においては、個々の労働者が抱える問題も多様化し、必然的にその解決策も一様ではなくなる。つまり、〈受容〉から〈変革〉に至る道筋は単数形で描けるものではなくなり、個々人の〈受容〉を丁寧に捉えたうえで〈変革〉が模索される必要がある。こうした現状が生じているからこそ、企業別組合に比べてＳＭＵや個人加盟ユニオンは現代の労働運動にとって魅力的な対象たり得ているといえる。

そうしたなかで、労働社会学は労働者組織が形成されているか否かに関わらず個々人がいかなる〈変革〉を求めるかを詳細に記述する必要があり、そのために〈受容の限界〉に照準することが重要である[7]。そうした記述は単なる個人の記述に終わるわけではない。なぜなら、本章3節2項で論じたように、ＳＭＵや個人加盟ユニオン研究においては個人を対象としつつ共同性を記述することが課題になっていたが、〈受容の限界〉に着目することは個人がいかなる条件において共同体を必要とするかを明らかにする問いであり、社会的ネットワークのなかにいる「未知の」労働者が労働者組織に対していかなる距離で存在するかに焦点を当てることが可能になる。こうした視点は、運動論的には未組織労働者がいかなるニーズを有するかの把握を促進し、理論的には断片化した労働問題とその共同体による解決可能性を考察するための手がかりとなる。こうした意味で、〈受容の限界〉の問いは、新しい労働者組織研究にとっても重要な位置を占めるのである。

４－５　労働者の個人化と労働者文化

本章では、ポスト工業化によって労働組合組織率が低下し、労働者の個人化が進んでいるとされる現代社会において、労働社会学の伝統的な課題である労働者自身による秩序形成の可能性という問いにいかにして取り組むかについて議論してきた。そうした文脈で近年理論的にも運動論的にも注目を集めるＳＭＵや個人加盟ユニオンをめぐる研究に着目した。そうした組織は従来の企業別組合とは異なる形での連帯を実現していることが事例研究を通して解明されつつあるが、企業別組合研究で蓄積されてきた視点との関係性が必ずしも明確ではなかった。そこで本章では近年の重要な新しい労働者組織研究のいくつかを取り上げ、その分析手続きをレビューした。そこでは多様なニーズを含みこんだ形での共同性の探求が模索されていたが、そうした多様なニーズを持った個人がいかにして組織化されるに至るのかについて十分に議論がなされてこなかった。そこで両者を架橋しうる枠組みを提供していた議論として河西の労働者文化概念に着目した。そこでの「労働者文化」とは企業が作り出す「支配」に有利な従業員文化と距離を持ちつつ、労働者が自主的に形成している文化であり、それによって労働者が組織的に「変革」を起こす基盤とすることができるとされたのである。

だが、労働組合は理念的には労働者文化を体現しているが、ポスト工業社会においては、そもそも労働者の組織化自体に困難がある。こうした中でも変革の可能性を見いだすために、本章では河西が労働社会学の基本問題として提唱している〈支配・受容・変革〉という問題を、〈支配・受容・受容の限界〉に変更することで、労働組合を前提としない形でも労働者文化の形成可能性を問うことが可能になることを論じた[8]。

こうした手続きを経て、新しい労働者組織研究が目指す方向性は共有しつつ、それを労働組合を対象とすることを前提としない形で遂行するための視点を、本章では議論してきたのである。

本章の残された課題は二点ある。第一が〈支配・受容・受容の限界〉という問いを経験的研究として遂行するうえでいかなる方法論を整備するかという点である。第二が、近年の新しい社会運動研究で指摘されている、運動を可能にする生活史的背景に関する議論との接続可能性の検討である（富永二〇一七）。本章の提示した方向性も、労働者の生活史の把握が重要になると思われ、結果的に社会運動論との問題の重なりが生じると考えられる[9]。この両者の異同については今後の課題である。

注

1　「経営内的機能」「経営外的機能」の初出は、河西（一九七〇）である。

2　ＳＭＵや個人加盟ユニオン以外の新しい労働者組織として、橋口昌治（二〇一一）は労働運動と生活支援団体が連携して組織された「労働／生存組合」の事例を取り上げている。この事例は貧困問題と労働運動の関係を考察するうえで重要だが、本章では研究蓄積の厚いＳＭＵと個人加盟ユニオン研究に焦点化する。

3　鈴木玲（二〇〇五）は、ＳＭＵの文献レビューを行う中で、海外での研究蓄積は一九九〇年代から現れてきたことを論じている。

4　小谷が先に従事したのは、女性ユニオン東京の調査である（小谷二〇一三：二二―三）。なお、小谷（二〇一三）のもとになった論文の一つである小谷（一九九九）では、女性を対象とした個人加盟ユニオンは調査開始当時（一九九六年五月）には八組合しか存在しなかったことが述べられている。小谷は先駆的な対象に早期からアプローチしており、それ自体が評価に値する。

5　中根の対象は正確には多国籍ユニオニズム（Multinational Unionism: MU）である。中根はアメリカのSMUと日本のオルタナティヴな労働組合で性質が異なること、後者の中でもMUは一部に過ぎないことに自覚的である。加えて、MUは個人加盟ユニオンでもある。だが、中根は自身の理論的検討をSMUのサーベイから始めており、SMUに連なる研究潮流に自らを位置づけようとしていることが見てとれる。こうした理由から本章ではSMUに連なる研究の一つとして取り扱っている。

6　〈支配・受容・変革〉問題の背景には、元島邦夫（一九七七）の主体形成論がある。元島は、マルクス主義的な労働主体の把握が、現代社会における個としての労働主体や市民的主体を位置づけられていないことに問題を提起し、ウェーバー理論に即して主体形成のあり方を再考することを提案した。こうしたことからも河西の議論が個人にも焦点を当てるものであることが伺える。

7　この方針は、実際の経験的研究においては、まず労働者が何を受容しており、そこに限界があるのかの探究から、労働者の支配主体を逆照射する形をとりうる。したがって、その結果として支配主体に企業が見いだされるとは限らず、むしろ企業における労働を労働者がどう経験しているかの多様性に焦点が当たるようになると考えられる。

8　本章の方針は、社会学理論の観点ではニクラス・ルーマンの「社会学的啓蒙」を参考にしている（Luhmann 1970＝ルーマン一九八三）。つまり、すでに存在している社会秩序の自己準拠的な作動を記述することを社会学の任務とし、そこからいかなる規範的議論を行うかについては市民社会の決定に委ねるという分業を想定している。

9　一例として、富永京子（二〇一八）による、個人化社会における社会運動の可能性を考察する議論が参考になる。

第5章　生活を捉えるための視点に向けて：社会学との接点

5－1　理論的視点と質的研究

本章は、国内の労働社会学で雇用労働を中心に展開された河西宏祐の議論の重要性を再確認しつつ、雇用労働が前提でない形でいかに継承可能かを議論するものである。

日本の労働社会学は、日本の雇用労働者が苦境に置かれていることへの批判的含意を込めた研究が中心であった。しかし、近年は、雇用の流動化や個人化を背景に、雇用労働に限られない労働のあり方が存在感を強めている(Castel 1992= カステル 二〇一一)。そうした周辺労働への問題関心は近年の労働社会学の大きな領野を占めるようになってきた。

伊原亮司（二〇二一）は、二〇〇〇年代後半以降における労働・産業・経営をめぐる社会学的研究をレビューするなかで、近年の顕著な動向として「周辺労働」とされてきた領域の質的な研究が蓄積し、それと連動する形で「働く者の文化」をめぐる研究が蓄積していることを指摘している。この研究群では、多様な就業形態で働く労働者をめぐる研究が紹介され、職場環境・人間関係・仕事内容や、その前提にある労働規範のあり方が明らかにされている。伊原はこうした評価をしつつも、労働現場に内在的な記述に留まることには疑問を向けている。伊原によれば、ミクロな場における現実に埋没せず、「立体的・相対的に現場を捉え、大局的・長期的な視点から位置づけ直し、各場と「社会」とをつなぐ概念や分析フレームを鍛え直す」（伊原二〇二一：五三）必要があるという。

この伊原の指摘は労働社会学における事例研究の一つの方向性を示すものであるが、対象となる労働現場や労働者に関する記述が一定の蓄積をしてはじめて可能になるものである。伊原自身も行ってきた自動車産業の研究（伊原二〇一七など）のような、事例研究の蓄積がすでに多く存在する対象であれば可能であるが、そもそも伊原がレビュー対象として挙げている記述の蓄積が乏しい対象でそうした研究は可能なのだろうか。

雇用によらない労働を対象にするにあたっても、労働社会学が質的研究を通して何を重視していたのかは引き継がれる必要がある。そうした検討を行ううえで、日本の労働社会学の文脈で質的研究がいかなる理論的含意を持ってきたかを考察するために有益な論者として河西宏祐がいる。河西宏祐は、少数派労働組合を研究対象としつつも、「当事者の論理」（河西二〇〇一）に依拠して質的研究を基礎に労働社会学が蓄積を積むことを一貫して重視していた。そうした議論を欧米での研究動向と接続させつつ、本章では、労働現場に内在的な研究の蓄積も乏しい雇用によらない労働で、労働者自身の立場に即した記述的な質的研究がいかなる意味をもつのかを議論する。

5-2　働き方の多様化と労働者概念

柴田は建設業一人親方を事例に、請負労働でも労働者性が認められることを指摘し、雇用労働に準拠した労働者保護を求める議論を行っている(柴田 二〇一七)。こうした議論は労働者性が明確に認められる対象においては意義をもつが、実際には雇用によらない労働の多様性を踏まえれば労働者性を有するかどうか自体に複雑な検討を要する場合も多くあると考えられる。こうした外形的に労働者性の有無を捉えることが難しい対象に対してどのような記述を労働社会学が与えていくべきかという点はこれまで検討されてこなかった。

雇用によらない労働の「労働者性」については労働研究において法学的な観点を含めて議論されてきた。『日本労働研究雑誌』二〇一二年七月号では、「働き方の多様化と労働者概念」という特集が組まれ、法学者・経済学者・社会学者が論考を寄せている。ここでは個人事業主を労働者として認めることができるのかといった問題が議論され、既存の労働法のあり方のなかで議論されてきた労働者概念を再考することが試みられている。皆川(二〇一二)は、労働関連法制における労働者性概念が複数の水準で存在することを議論している。就業者のなかに「雇用と自営の中間的就業者」(皆川 二〇一二：一九)といった、労働基準法上は労働者と認めることができるか判断しにくい労働者が多く存在し、労働法制がカバーできていない就業者をいかに保護するかといった問題を提起している。

こうした法学的な議論に対して、佐野ほか（二〇一二）は、就業者自身が自らの請負就業への選択をポジティブなものとみなしているのかを把握するべきであると指摘している。この指摘は、法学的な議論とは異なる形で社会学的な記述を与える方向性の一つを示している。しかし、個人請負就業者の多様性を加味したときに、その多様性を踏まえずに就業選択への価値づけを把握することで請負就業者の理解を適切に捉えたことになるのかは疑問である。

これらと関連して雇用によらない労働に対する価値基準を再考する研究が進展しつつある。英米圏の労働社会学では、これまで雇用労働を前提に構成されていた労働をめぐる評価的概念を見直す動きが見られる。ワーハーストとノックス（Warhurst and Knox 2020）は、テイラー主義化による労働疎外への批判として当初提出された「職業生活の質 Quality of Working Life」という概念が、多様な国家や企業で用いられるうちに雇用の質を示す概念に転化しており、長期雇用を前提としない働き方が広がっている現代社会に適合的でないことを指摘する。ＱＷＬは働き方が多様化した現代社会における労働に価値判断を行う基準としての有効性が乏しくなっている。その処方箋としてこれまでのＱＷＬの概念だけでなく、失職するリスクを自ら統制できるか、働く時間や場所を自己決定できるかなど、新しい指標を追加することの重要性を指摘している。賃金などの旧来からの指標も含めて、雇用労働者を基準とするのではなく、就業形態にかかわらず満たすべき「最低基準」がＱＷＬの判断の基礎に置かれるべきだと主張している。

本章もこうした雇用のみを基準としない価値基準を求める方向性には賛同するが、ここでいう「最低基準」とはいかにして設定できるのだろうか。ワーハーストらは「最低基準」を定式化するにあたって、国家による法的な基準を定めることが重要であるとしている。ここには、雇用によらない労働における働き方の基準を一律に設定することができると考え、そのなかにある多様性を捨象する方針が存在している。とりわけ、雇用によらない労働を一つのカテゴリーとしてまとめて捉えようとするため、個別の職業や就業者が自らの仕事について有している理解が描かれないことになる。ワーハーストらは雇用によらない労働の要素を職業生活の質に採り入れるという方針を示しているが、このように職業や就業者ごとに存在する理解を捨象することによって、雇用によらない労働の要素を不十分にしか採り入れられていないという帰結をもたらしていることになる。

このように雇用によらない労働の多様性を社会学的研究が不十分にしか描いてこられなかった背景には、労働者であるとはいかなることかについて、社会学独自の理論的視点を構築することが不足してきた点があると思われる。多様性を記述する社会学的視点を確立すれば、雇用によらない労働の内実についてより適切な議論が可能になるはずである。

本章は、雇用によらない労働の多様性を捉えるにあたって、どのような理論的視点が必要であり、その理論的視点に基づいた考察を行うにあたっていかにして質的調査が意義を持つのかを位置づけ直す。そのために、日本の労働社会学において労働者をめぐる理論的視点の可能性として河西宏祐の議論を読み返し、その応用可能性を議論する。さらにその応用可能性を展開するうえで有効となる英米の議論を参照し、有力な経験的記述の方針を示しているといえる研究事例を取り上げる。

5-3　労働社会学における〈支配・受容・変革〉問題再考

5-3-1　日本における労働社会学の研究関心

本節では、日本の労働社会学の理論的視点の代表として河西宏祐の議論を取り上げる。前述したように河西は、日本労働社会学会設立に大きく関わり、少数派労働組合研究を基点としながら労働社会学の理論的視点を整理した教科書を複数執筆した社会学者である（河西 二〇〇一；Mouer and Kawanishi 2005= 河西・マオア 二〇〇六）。

日本の労働社会学は、その黎明期から質的調査を重視し、労働をめぐる望ましい秩序のあり方を考察してきた。日本において「労働社会学」という語を最初期に用いた松島静雄（一九五一）は鉱山労働者が形成する疑似家族組織の互助を調査しそれを評価しつつ、労働者が自主的な秩序形成を行うことの限界を指摘し、近代化を通して乗り越えられるべきものとして論じた。河西の指導教員である間宏は、日本的経営を分析するためにこうした視点を継承している。間（一九六四）は日本的経営の背景にある企業の労務管理のあり方に温情主義的な管理を中心とした「経営家族主義」があり、これが苛酷な労働条件にもかかわらず高い勤労意欲を持つという日本の労働者の傾向の背景にあることを指摘した。

間は日本の労働を対象とした社会学が問うべき対象と、それを問う社会学の問題領域を整理した点で重要である。間は労務管理といった経営者層を問題としたが、河西は日本の高い勤労意欲を有する労働者への関心を中心に労働社会学を意義づけたことが彼の仕事を理解する上で重要である。

5-3-2　労働社会学の基本問題とその独自性

河西は経営社会学と労働社会学の関係性について論考を用意している（河西二〇〇一：第4章）。河西は、苛酷な労働条件にもかかわらず高い勤労意欲を有する日本の労働者に着目する。河西は日本における労使関係は経営側が有利であるという認識に基づき、本来は企業横断的でありうる「労働文化」や「日本的労働」が、実際には経営側による「経営文化」や「日本的経営」の影響を受けざるを得ないと指摘する。経営社会学の場合、人事制度の設計や運用といった労務管理による〈支配〉の問題を研究課題とすれば十分である。一方、労働社会学は労務管理に対して労働者がどう対応するかという問題を意識せざるを得ないのである。こうしたことから、河西は日本における労働社会学は〈支配・受容〉問題を第一義的な研究課題とすると述べている。

河西はこうした研究課題を述べつつ、〈変革〉という要素を付け加えて労働社会学の基本問題を定式化している。労働社会学では、労働者による労務管理の〈受容〉の問題、さらに労働者が労務管理から脱出する可能性を有する存在であるという点で、〈変革〉の可能性を検討する必要があるとする（同前：八二）。その結果、労働社会学では〈支配・受容・変革〉の相互関係の研究が課題となる。河西が日本の企業と労働者に対する現状認識をもとに理論構成を行っていることと、〈支配・受容〉を課題としつつ〈変革〉という要素を付け加えていることが重要である。

5-3-3 当事者の論理と労働者文化

河西は〈変革〉について「労務管理から自立的な労働者生活、労働者文化を確立すること」（河西二〇〇一：八二）と定義している。河西（二〇〇一）は労働社会学における〈支配・受容・変革〉問題に関連する先行研究の検討から〈変革〉を扱った研究はごくわずかであるとしつつ、そうした研究として企業の管理の枠を越えて横断的な価値観を持つ職業人や、年齢やジェンダーによる企業管理の枠を越えた生活関心をもつ労働者を取り上げた研究に言及している。こうした労働者の価値観の持ち方は階級的運動と対比して「生活レベルの変革」と呼ばれる。こうしたことから、河西は企業のみに依存するのではなく、それを相対化した価値観を労働者が有することを〈変革〉と特徴づけていたことがわかる。

この問題設定では、「当事者の論理」に注目する必要性がある。労働者が〈支配〉を〈受容〉する過程にも、そこから〈変革〉へ向かう過程にも、労働者自身が「なぜそのように考え、そのように行動したのか」が関わらざるを得ないからだ。これを解明するためには単に労働者の価値意識を把握するだけでなく、それがどのように具体的な状況に根ざした形で形成され、発揮されたのかが把握されなければならない。こうしたことを捉えるために、河西は労働社会学研究において質的調査が中心となることを常に主張していた。

生活に着目した〈変革〉という議論は、河西が主たる研究対象としていた少数派労働組合の研究に端を発している。河西（一九八一）は少数派組合として長年にわたって苦境にあったにもかかわらず運動で勝利を収めた組合に着目し、その条件として労働組合が労働者の生活圏を包摂する組織となることがあると指摘する。河西は組合をめぐるモノグラフのなかで、工場外での遊びなども含めて職場の連帯を強める組合員たちを描いた。河西は企業の労務管理に基づく価値観を労働者が相対化する可能性をもった場の一つとして少数派組合に着目し、分析としてはその労働者が営む生活を描くことを重視していた。近年は集団的労使関係の弱まりと雇用の流動化により、企業を単位としては捉え難い労働者の浮上が問題になっている（Castel 2009＝カステル 二〇一五）。この問題を考える上でも河西の議論は重要になる。河西が少数派労働組合を通して解明しようとしたのは、組合員でもある労働者の〈変革〉の可能性を支える、経営者側が強いる「従業員文化」から独立した職場集団の「労働者文化」であった。

5-3-4　雇用によらない労働における〈変革〉

河西は少数派組合を事例としたが、その対象を特権的なものとして扱っていたわけではない。むしろ、日本企業の労務管理が経営家族主義から能力主義に変化した条件のもとで新たに苛酷な労働条件にもかかわらず高い勤労意欲をもつ労働者として自動車産業のライン工に着目し、その〈受容〉を描く研究等を高く評価していた（河西二〇〇一）。労働社会学で重要とされるのは時代ごとに浮上する高い勤労意欲をもつ労働者を捉えることであり、こうした点で雇用保障の乏しいなかでもその職業で働き続けようとする労働者は、むしろ雇用労働を中心に発展した労働社会学の問題関心を引き継ぎつつ、展開するうえで重要な対象でありうる。しかし、雇用を前提としない労働では、河西が依拠できたような記述的研究の蓄積は十分ではない。

そもそもそうした労働では使用者と呼べる存在が明確ではない場合もあり、〈支配〉の存在を前提に議論ができない。〈変革〉の論点も、〈支配〉が不明確である以上、拙速に議論を進めるべきでない。労働社会学が将来的に〈支配〉とそれへの〈変革〉につながる議論を生みだすためにも、まずいかなる視点のもとに記述を蓄積すべきかを整理する必要がある。ここで重要なのは、〈支配〉が不明確な労働においても、それに労働者が従事している以上は、その労働への〈受容〉は存在する点である。河西自身が当事者の論理を重視していることからもわかるように、〈受容〉は労働者の側の能動的な行為である。

労働者が一見不利な労働条件を〈受容〉しているように見えたとしても、その〈受容〉の中からその労働条件を相対化する契機を持つ可能性は依然として残されている。その相対化の可能性を探るうえでは、労働者がそこまで行っていた〈受容〉がいかなる条件のもとで限界を迎えうるかを合わせて記述することが重要である。〈受容〉が限界を迎えるとき、労働者が関わってきた労働をめぐる諸条件は問題視されざるを得なくなり、その労働者にとっての〈支配〉として現れると同時に、相対化されるべきものともなる。〈変革〉の可能性はその〈受容〉と〈受容の限界〉に沿ったものでしかありえない。雇用によらない労働における〈支配〉と〈変革〉の問題を考えるうえで、〈受容〉とその延長線上にある〈受容の限界〉を描くことが重要なのである。

ここまで、河西が定式化した〈支配・受容・変革〉という問題は、雇用労働を前提としない労働を捉えるために〈受容〉の問題を〈受容の限界〉に至るまで詳細に解明するという形に再定式化する必要があることを議論してきた。

こうした〈受容〉と〈受容の限界〉は、労働者がその仕事で働き続ける条件にかかわるものであり、1節で述べた「最低基準」と密接にかかわる。労働者が志向している最低基準が満たされない可能性が生じるのであればそれをもたらす〈支配〉が現れ、それに対する〈変革〉の契機となりうる。

こうした記述の蓄積は将来的に多様な〈変革〉のあり方を議論する可能性を開くうえでも重要である。河西自身も一九五〇年代から経済学を中心に展開していた労働組合研究の蓄積（大河内・氏原・藤田 一九五九など）を前提に、一九七〇年代後半から労働組合運動に関するモノグラフの成果を複数出版してきた。河西は、労働研究の主流派が、日本の企業組織の特徴の一つとして「一企業一組合」を挙げるのに対して、実際には一つの企業に複数の組合が存在することが見受けられること、そして一見すると経営側との交渉力が弱いように見える少数派の労働組合が、労働者の生活を支え向上させる役割を担っていることを早くから指摘してきた（河西 一九七七）。このように労働組合研究の蓄積があったからこそ、河西は少数派労働組合が持つ〈変革〉の可能性を指摘し得たのである。雇用によらない労働においても、まずはそうした記述の蓄積がなされることが重要になる。

それでは〈支配〉が前提とできないなかで、〈受容〉と〈受容の限界〉を共に描くことはいかにして可能になるのか。この点を検討するための議論を次節で行う。

5―4　理論的前提としての「同意」の生産

5―4―1　ブラウォイの同意生産論

労働者がいかにして自らに対する支配を受容するかという問いは、河西が労働社会学の問題を定式化する以前から、アメリカの社会学者マイケル・ブラウォイが「同意」の問題として経験的研究を通して取り上げてきた論点である。本節では、ブラウォイの主著『同意を生産する』(一九七九年)の議論を概観する。

ブラウォイは、農業機械メーカー・アライド社で機械工として参与観察を行い、労働者がなぜ懸命に働くのかについて労働過程論の文脈から明らかにすることを試みた。その中で、主要な分析概念として採用されたのが、「同意」である。この分析概念は、労働者が資本家の搾取(剰余価値生産)を何らかの形で受容しているという発想を基礎にしている。

それに対して、ブラウォイは雇用労働が続いている以上は常に存在すると考えられる同意という現象に着目して、同意がいかに生産されているのかという分析視角を設定した。搾取について議論するとしても、まずは同意の問題から出発しなければならないとしたのである。ブラウォイの貢献は、同意が生まれる場を、労働過程について労働者が一定のルールに依拠して「ゲーム」を行う場として捉え、それを経験的に描いて見せたことにある。雇用によらない労働に従事する者がその労働にいかにして従事しているかを分析するにあたっても、類似した現象が見られる可能性がある。その分析手続きは、労働社会学における経験的研究について考察するうえで重要である。ブラウォイが提示したゲームとルールの一例を以下で紹介する。

アライド社では、賃金体系は最低賃金保障付きの出来高給になっており、職場ごとに定められた一〇〇％以上の出来高を達成すると、その超過率分のボーナスが支払われるようになっていた。一〇〇％に満たない場合は一〇〇％ちょうどであった場合と同じ額が支払われる。一方、ボーナスが支払われる上限は一四〇％までで、これを超えるとレート設定が見直される。なお、標準的な労働者が産出する量は、一二五％と期待されている。これがアライド社における労働者の同意をもたらすゲームのルールである。

このルールのもと、アライド社の機械工はボーナスを効率よく得られる出来高を達成する技法を「メイクアウト（make out・うまくやる）」と表現し、様々な実践を行っていた。たとえば、容易な仕事が回ってきたときに余分に作り、「積み立て」として難しい仕事が回ってきたときのためにとっておいたり、ボーナスが得られそうにないときには作業速度をわざと落としたりしていた。こうした実践が成功し続けるためには、検査工や補助労働者など、自分の仕事に関わる他の労働者との人間関係をうまく維持し続けることが必要であった。

ブラウォイによれば、こうした実践は資本主義的労働過程の重要な一要素である「剰余価値の隠蔽と保証」という機能を有する。この機能は、労働者が自ら搾取に寄与していることは労働者にとって曖昧なものでありかつ労働者が継続的に従事できるものでなければならないということを意味する。ブラウォイは、調査の結果、上記のメイクアウトの実践がまさにこの機能を果たしていることを発見したのである。

こうしたブラウォイによるゲームの記述は、労働者がいかにして〈受容〉を行っているのかを具体的に記述したものになっている。さらに、ゲームを支えるルールは、それが破綻すれば労働者による受容も成り立たなくなるという点で、〈受容の限界〉を職場の実践に即して描いたものとして位置づけられる。ゲームは労働者の仕事にかかわる活動に正当性を与えるものであり、そのルールが違反されれば、労働者からみてその仕事にかかわることの正当性が損なわれると考えられるからである。ここで重要なのは、ゲームがルールを前提として可能になっており、そのルールはゲームを通してはじめて機能する関係になっていることからわかるように〈受容〉の記述と〈受容の限界〉の記述は常に不可分の関係にあるということである。ここでのルールの記述は同意生産にかかわるゲームの存続条件となっているという点で、冒頭で言及した産業ごとの「最低基準」に対応するものと位置づけられる[1]。さらに、ゲームとルールはその職場内在的に成立する労働者文化であり、研究者が前もって理論的に把握したり、フィールドワークなしにいきなり質問紙に落とし込めるものではない。〈受容〉の記述には質的調査の知見が不可欠なのである。

5-4-2　〈支配〉を前提としないなかでの同意の記述

こうしたブラウォイの議論を〈支配〉が曖昧な産業について展開したものとして阿部真大（二〇〇五）によるバイク便ライダーの参与観察研究がある。阿部は、バイクに乗ることを趣味とする若年労働者が、いかにしてバイク便ライダーの仕事に没入していくのかを明らかにした。バイク便ライダーは時給制で働きはじめ、彼らが趣味として好む大型バイクに乗りながら配達の仕事をこなす。仕事に慣れていくうちに、より高額の報酬を得るために歩合制に転換する。歩合制に転換すると、配達の速度が報酬に直結するため、渋滞した都内の道路などをいかにすり抜けるかなど、労働に強いゲーム性が生じるようになる。このゲームに従事するなかで従来有していた大型バイクへの嗜好が薄れ、魅力に乏しいと感じていた小型バイクを自在に乗り回すことに楽しみを見出すことになる。これを阿部は「仕事による趣味の更新」と呼ぶ。こうした働き方には交通事故などの危険が伴う。歩合制というルールのもとでバイク便ライダーのゲームが発生し、そのもとでの仕事に同意を生みだしていくという点はブラウォイと重なる。

阿部は後に、こうしたバイク便ライダーによる同意の生産を経営や労務管理に帰属させずに、「職場のトリック」として位置づけている（阿部 二〇〇六）。これはバイク便ライダーの労働をめぐるゲームを、労働者自身が仕掛けていることを意味する。ここで阿部は、明確な〈支配〉の主体が存在しないなかでの同意のあり方を捉えることを試みているといえる。こうした同意のもとでも、ゲームが破綻した際には、そのゲームのルールを設定した職場集団や労務管理に対する問題意識がバイク便ライダーにも生じることになるだろう。

こうした阿部の試みは重要であるが、ブラウォイと同様に職場の存在を自明視しているため、〈支配〉による説明の相対化には限界がある。その相対化を達成するには、職場を規定する制度以外に側面からの説明を行う必要があるといえる。そうした意味で、阿部自身は明確化できていないが「仕事による趣味の更新」の議論は、職場による〈支配〉以外からの説明として可能性を有するものでもあった。

こうした可能性を展開するうえでは、職場自体を相対化し、私的領域まで射程に含めて同意を描くような視点が必要になる。次節ではそうした視点の可能性について論じる。

5−5 「労働の全社会的組織化」と生活史

ここまで雇用によらない労働における同意を議論してきたが、そもそも雇用によらない労働における労働はどのようにして捉えることができるのだろうか。本節では、特定の労働のあり方を与件に置かないことで、労働の自明性を問い返す議論を参照する。職場を相対化した形で同意を論じることの重要性は前節で指摘したが、それを企業労働という枠組みを前提としない形で行うに当たってグラックスマンの議論は重要である。

たとえば、フリーランス労働ではその働き方は労働者がいかなる生活を営んでいるのかによって多様な仕方で規定される。いわゆる内職のような形で家計補助的に働いている者、本業の傍らで副業を営んでいる者、専業のフリーランサーなどが存在し、いずれも生活に対する労働の位置づけが異なる。専業のなかでも、特定企業に「専属」する労働者もいれば、複数の企業から業務委託を受ける労働者も存在する。後者では、業務時間外にも取引相手との関係を維持するための労力を割く必要も生じ、それは業務時間外でも「労働」として経験されることも考えられるだろう[2]。さらに、いわゆる賃労働には属さない家事労働などが、当事者にとって労働として経験されることも考えられる。こうした考察に基づくと、雇用によらない労働のなかには雇用契約の存在しない請負労働はもちろん、賃労働ではない家事労働なども含まれることになる。雇用によらない労働はまずもってこうした広範なカテゴリーとなるが、そのなかで個別の労働がどのような位置づけを持つのかについては、経験的な記述に基づいて明らかにされる必要がある。

そうした経験的記述を行ううえで参考になるのがグラックスマンの議論である。グラックスマンは、一九三〇年代のイギリスにおける女性労働において、さまざまな種類の有償労働と家庭内労働とがいかなる形で接合されていたのかを解明するために、「労働をめぐる全社会的組織化 (Total Social Organisation of Labour: TSOL)」という概念を提示している (Glucksmann 2000= グラックスマン 二〇一四：二七)。ある状況では「働く」活動とみなされることが、別の状況では「働く」活動とみなされないことに着目し、このように実際には曖昧な「労働」という活動をいかに定義できるかという問題を提起している。

この議論は、既存の労働社会学が企業や職場の内部における分業 (division of labour) を中核的な概念として担保し続けてきたことへの問題意識から発せられたものとなっている (Glucksmann 2009)。グラックスマンは、二〇世紀後半にみられた社会変動によって既存の分業概念には問い直しの余地が生じてきたことを指摘する。そうした変動の一つとして労働中心の社会から「消費社会」への転換がある。グラックスマンによれば、後期近代化の進行によって文化や美という基準が労働よりも人々のアイデンティティの源泉として機能しており、こうした問題は既存の分業概念では捉えがたい部分があるにもかかわらず、労働社会学はその概念を堅持してきた。さらに、そもそも労働はそれ自体で単独で成り立つものではなく、労働と消費という二分法自体が有効性を持たないような場合も存在する。このような社会状況のもとで、労働社会学は分業の概念をより拡張して議論しなければならないことをグラックスマンは主張する。

その問題への解答が、ＴＳＯＬである。グラックスマンはこの概念について、「特定の社会におけるあらゆる労働がさまざまな構造、制度、活動、人々の間で分割され、配分されるあり方」(同前：二七)と定義する。つまり、社会においては、必ずしも企業における有償労働に限られない「労働」が存在し、そうした様々な労働が互いにどう接合しているかということ自体が、労働の社会学的分析の対象になるというのである。ＴＳＯＬの射程は①生産・配分・交換・消費の過程、②ペイドワーク／アンペイドワーク・市場／非市場・公的セクター／非公式セクターの境界、③労働に関する活動の分節化や、それと労働とはされない活動との関係性、④これら三点の関係性に影響を与える時間など多岐にわたる(Glucksmann 2005)。ここでは②と③の、労働をめぐる境界や分節化に関する視点が重要である。組織への帰属を前提としない形での労働においては、労働と生活の関係性が複雑化し、それらを労働者自身が再構成していく必要が生じると考えられるためである。こうした枠組みは、各々の労働者の視点から、様々な「労働」がどのように意味づけられているのかを把握することを要請する[3]。

グラックスマンはＴＳＯＬにおける分析に際して方法論としてオーラルヒストリーの手法をしばしば用いている(Glucksmann 2000＝グラックスマン 二〇一四)。しかし、グラックスマン自身も編者として参加し、ＴＳＯＬの議論を展開した論文集では、現状分析に属するインタビュー調査の論考も収録されている(Pettinger 2005; Dermott 2005)。このようにＴＳＯＬは多様な方法論を許容している。重要なのは、労働という現象を所与として捉えるのではなく、私的領域に代表されるその外延との関連で問うことにあるといえる。

グラックスマンの枠組みは、こうした多様に経験されうる労働のあり方に対して、生活という視点に着目してアプローチすることが目指されている。河西がさまざまな労働組合を対象とした記述的研究に基づいて少数派労働組合に着目することができたのと同様に、こうした多様性のもとでの同意をめぐるゲームを捉えるためには、個別の労働において生活と労働の双方を射程に入れた記述的研究が整理・蓄積されていく必要がある。

生活と労働の関係を考えるうえで、ジェンダーの視点から労働のあり方を分析した一連の研究は参考になる。大沢真理（二〇二〇）が日本の企業社会や社会保障政策の編成を検討するなかで指摘してきたように、日本社会が民間大企業中心の会社本位の社会であることと、「巧妙な性別・年齢別の役割分担関係のなかで、万事に男性の利害が――彼らの生活サイクルや働き方の都合が――中心となっている男性本位の社会でもある」（大沢二〇二〇：一八一）ことは、分かちがたく重なった現象である。そうした中で女性の労働と生活の関係をその複雑さを含めて分析する必要がある。以下では女性の労働と生活の問題と同意のあり方を問題にしている二つの経験的研究を取り上げる。

5-6　同意生産の記述と経験的研究

5-6-1　職場外における同意の生産

本節では、雇用によらない労働における同意を実際に記述していると評価できる経験的研究を取り上げる。とくに、職場外の生活と関連した同意がどのようにして記述されているのかに着目する。そこでは労働過程のみではなく、生活全体を含み込んだゲームのあり方が重要になる。職場におけるゲームはそこに属する労働者によって集団的に営まれるが、職場外の生活においてはゲームとその前提となるルールが個人化された形で行われることが多い。集団においてなされるゲームでは違反者が生じないよう集団内で一定の管理がなされるが、個人の場合はそうした制約は生じないため、行われるゲームはより多様化することになる。そのゲームは、ブラウォイが示したような経済的な利益を最大化させるゲームには限られず、ジェンダー関係と不可分な関係で成り立っている場合もある。こうしたジェンダーと労働の結びつきに関する議論を踏まえると、同意に関する議論においても、ジェンダーの問題とそれと関連した労働における同意がどのように結びついているのかについて検討する余地があると思われる。そしてそうした同意のあり方は、職場外の生活と関連した同意の一つにほかならない。

ミアーズ (Mears 2015) は、ブラウォイの同意生産論に依拠しながら、職場外で生じる同意についてＶＩＰクラブで働く若年女性の無償労働を事例に議論している。ミアーズは、若年女性とそれをスカウトしパーティー等に送り込むプロモーター間に存在している労働現場内外のゲームとそれを支えるルールを解明している。多くの場合男性であるプロモーターは、「ガールハント」の形で女性と交友関係を築き、労働とは感じさせないようにしつつ女性をパーティーに送り込む。女性は、ＶＩＰクラブでの接客の見返りとしてプロモーターがレストランでの食事や小旅行をプレゼントするという約束のもとに、この無償労働に同意する。この同意は、女性から見てプロモーターとの関係が私的な交友関係だと理解されている限りで継続するが、自身がプロモーターに都合良く利用されていると感じたときなど、交友関係を逸脱していると理解されたときには破綻する。つまり、交友関係の維持がここでのルールである。ゲームとして維持される交友関係に隠蔽されていた、プロモーターによる女性への支配が現前する形で同意が破綻するのである。この事例は、労働が親密な交友関係という非市場的な関係と結びつけて遂行されているという特異な労働の全社会的組織化のあり方を明らかにしている。このようにして、ミアーズは若年女性のプロモーターとの関係性を基礎とした受容と、受容の限界のあり方について議論していると位置づけられる。同時にこれらは二者関係的なものとなりがちであり、ルールの破綻もプロモーターとの個人的な関係に依存しやすい。

ミアーズの議論は職場外における同意を描いており、雇用によらない労働の「最低基準」が職場内に置かれるとは限られないことを示す議論として興味深いが、プロモーターと女性の関係性は長期的には続かない。一方で雇用によらない労働のなかにも、専業フリーランスのようにその仕事で中長期的なキャリア形成を行う者が存在する。こうした議論においては、当の労働に従事しながらより中長期的なキャリア展望が得られているかどうかが重要になる。長期的な雇用を前提としない場合、こうしたキャリア展望は日々の生活を通して徐々に獲得されるものであると考えられる。以下では、前述した研究群を直接は参照していないが、雇用を前提としないなかでのキャリア展望の獲得とそれと不可分な形で存在する生活の再編成を示唆する著作として評価できる、鈴木涼美（二〇一三）のＡＶ女優を対象とした研究をここまでの議論を踏まえてレビューする。この鈴木による議論は、日本の労働社会学の潮流に位置付くものとして扱われてはこなかったが、性の商品化と労働への同意が分かちがたく存在するという意味でＴＳＯＬの視点が重要になる事例である。性の商品化という生活と分かちがたい現象が関わる労働が扱われることで、本章がここまで示してきた視点が経験的な分析として示されている重要な研究である。

5-6-2　同意の生産とキャリア

鈴木（二〇一三）は、性の商品化が関わる広範な職業と地続きのものとしてＡＶ女優を捉えつつ、性の商品化が外部から「強制／自由意志」（鈴木 二〇一三：一二）という枠組みに隔たって捉えられてきたため、当の女性の視点から「慎重にしろ無防備にしろ線を引きながらつきあってきた自らの商品性」（同前：一三）について知ることが重要であると指摘する。そのために、「性の商品化の過程、性が商品化される現場」（同前：一八）に着目することが重要であるとし、ＡＶ女優という線引きの極限の事例を対象とし、そこでの「動機」の語りに着目する。以下でもみるが、ＡＶ女優は雇用を前提とせず、その業務遂行について企業からの指揮命令に理念上は基づかないフリーランス的な働き方をしている。性の商品化は、労働を通して自らのどこまでを商品化することを受容するのかを自らが選択する必要があり、その際に身体的・生理的許容度や生活の仕方と如実に関わる事例であり、絶えず労働者が同意するか否かの選択を迫られているものとしてみることができる。ここでは性の商品化にかかわる活動がどのようにして労働に関する活動と結びついており、どのような「最低基準」が存在するかがその同意の記述を通して明らかになっている。

性の商品化に関して、フェミニズムの文脈で女性による「線引き」の実践に着目することを指摘している議論として中村（二〇一七）がある。性の商品化に関しては、自由意志と強制に基づく二元論が存在するが、こうした二元論は女性が自己の女性性や女性身体の商品性と付き合うにあたって自分なりの「線引き」をしており、その延長線上に「性の商品化」という現象があることを指摘する。このように性の商品化を理解することは、その女性の選択を「完全な自由な意志を持った選択でもないが、完全に強制された選択でもないような何物か」（中村二〇一七：一八九）として当事者の「線引き」があることを示すことにつながるという。その上で性の商品化は女性のほとんどが多かれ少なかれ完全にそこから自由になることができず、普段から経験している生活上の問題と地続きな形で把握できるという点でもこうした視点は重要になる。そうした中でどのように自らの労働を選ぶのかということが性の商品化をめぐる労働にはつきまとうのである。このようにして性の商品化への同意とそれがかかわる労働への同意は重なることになるのである。

その同意に関してより掘り下げて理解するために鈴木（二〇一三）の第五章の「単体AV女優から企画AV女優へ」を取り上げる。その分析からは、AV女優達の当事者の論理が浮かび上がってくる。

同書の第五章は「AV女優のキャリアを軸に展開」（同前：一七六）されている。まず、AV女優の活動形態には「単体／企画AV女優」という契約形態の差異を軸に議論がされている。単体AV女優とは、「メーカーと専属契約を結び、契約期間中（多くの場合六ヵ月、稀に十二ヵ月や三ヵ月）は他メーカーの作品に出演しないで、月に一度そのメーカーから発売される作品に出演する」（同前：一七七）もので、「単体AV女優がVTRの撮影を行うのは月に一回だけであり、その代わりにその一本に対して高額のギャランティ」(同前：一七七)が払われるものを指すという。それに対し企画ＡＶ女優というのは「そういった専属契約なしで活動するＡＶ女優全般」(同前：一七七)を指し、「単体契約を消化した後四〇万円程度でそれまでと内容がほぼ変わらない作品に出演する元単体ＡＶ女優も企画ＡＶ女優の一例」(同前：一七七)である。「単体ＡＶ女優としてデビューしてから企画ＡＶ女優に転身していくのが理想的」だとされている。

この移行への同意は、出演作あたりの単価が下がり、かつ作品ごとの労働負荷も上がっていく過程であるため、単純な経済合理性で説明はできない。しかしこれは常に当事者にとってネガティブな経験ではない。そうした移行自体が労働現場で持つ意味に鈴木は着目している。そこで分析の軸となるのは、インタビューで現れた二つの語りである。「頑張れば頑張っただけ上にいける」という語りと「この世界で上に行きたいと思うようになった」という語りである。単価が下がり、労働負荷が増加するような移行で「上」に行くとはいかなることであるのか。これはあらかじめ研究者が把握できるような知見ではなく、質的調査においてはじめて入手可能な知見である。

「頑張れば頑張っただけ上にいける」という語りにおいては、その頑張るということがどのようなことであるかを明らかにしている。単体から企画への移行においては、単価の下落によって減少する収入を保つためにフリーランスとなって自ら仕事を獲得し撮影本数が増えるという過程が伴う。この段階からＡＶ女優が「副業」から「本業」に移行し、仕事を継続するには自ら仕事を取るために面接に行くことになる。フリーランス労働においては、このように「労働を得るための仕事」(Harvey et al. 2017)が生じ、この仕事は労働者の生活を圧迫することになる。

そこでは、自分はどのような仕事ができる人間なのかを提示する必要が存在し、それを強調し自らの仕事を獲得し組み立てるのである。「より良い条件でAV女優として活動するために、より選択の幅を広げ自由に活動するAV女優となるために、彼女たちはより多くの面接に出向き、よりキャラクターを強調した面接スタイルを獲得」（同前：一九〇）することになるのである。この面接の過程では、自らの性をどこまで商品化するかについても含めて自己呈示することになる。このように、AV女優にとってその労働の位置づけが「本業」に変わっていくに伴って、日常的な自己呈示の仕方という一見労働と直接結びつかない活動が、AV女優としての労働の一環として位置づけられるようになる。このようにAV女優の仕事では労働それ自体と私的領域における活動が相互浸透しながら労働の位置づけを変えていく側面が顕著に見いだされ、TSOLで議論されていた特徴がみられる。

キャラクターに基づいて仕事を獲得することは、AV女優の同意をもたらすゲームとルールに密接に関わっている。それが現れているのが、もう一つの「この世界で上に行きたいと思うようになった」という語りの分析である。多様な作品に出る幅をもち、それによって多様な仕事の組み立てが可能になったことに伴って「AV女優のヒエラルキー」は多様に作られる。単体AV女優に限っても先輩・後輩はある一方で、若い方が人気も高い。企画AV女優も含めれば、指標はより複雑となる。ギャランティもどのような作品に出演するかに依存する場合が多いため、企画AV女優の場合はAV女優の価値を計りうるものではなくなっていく。さらに、その多様な価値観は評価する側も利用する資源となっていくのである。ではAV女優のそうした自己呈示はいかにして可能になるのだろうか。

そのきっかけとなるのはＡＶ女優同士の「共演」という機会である。単体ＡＶ女優の頃は一人で出演する仕事が主流である。しかし、キャリアを積む中で様々な共演の機会を得ることになる。そのキャリアを積む経験の中で、上の世代との共演で演技を学び報酬にかぎられない能力を理解する機会を得たり、後輩との共演で先輩として振る舞う中で自らの特性を意識したりすることに繋がる。さらに多くの同僚がいる中での出演では自分がどのようなキャラクターであるかを意識し提示していく必要が表れてくる。こうした多様な「上を目指す」ということが彼女らの労働を支えることになる。

このような過程を記述し、「もう若くはないし、単体契約も切れた、ギャランティも下がる一方だ、しかし、もう少し経験を積めば、経験豊富なベテラン女優としての地位を手に入れることができる、特殊な技術を身に着ければ、特殊な内容のＶＴＲ撮影の際に必要とされる、他の人が出演したくないジャンルにも出演の幅を広げれば、メーカーから重宝される」(同前：二一三)といったＡＶ女優の仕事に対する同意を描いている。「ＡＶ女優としての活動を通じて知りえた、また別の指標をもって「上」を目指し、そこに「頑張る動機」を見出し」(同前：二一三)て、「自発的な動機は、一般的な指標で外部から価値を付与されていた単体ＡＶ女優時代よりも、より強く彼女らの労働を支えている」(同前：二一三)側面を記述しているのだ。ここでは、同意に際して準拠するルールが、契約や報酬などの一般的な労働者とも共通するものから、自らが出演する作品の内容などの性の商品化に関するものに移行していることが見てとれる。その同意を可能にするゲームとルールはいかなるものなのだろうか。

共演の事例からわかるように、ＡＶ女優は日々の職業生活のさまざまな場面を通して自らの固有のキャラクターを獲得し、こうしたプロセスは「上を目指す」と言われていることからわかるように、ＡＶ女優にとって就業継続だけでなく一つのキャリアのあり方となっている。自らの性の商品化にかかわる自己呈示活動は、共演の事例ではキャリアという仕方でＡＶ女優という職業の労働に組み込まれるに至っている。ＴＳＯＬの視点により、こうした雇用によらない労働と生活の関係性を単純化せずに把握することができる。職業に内在するキャリアのあり方と、それを可能にするキャラクターの獲得という実践が、ＡＶ女優の同意をもたらすゲームとして位置づけられる。このゲームは、同僚との関係の中で身に着けたキャラクターの獲得が仕事の獲得につながるというルールのもとで可能になっている。こうした分析によって、ＡＶ女優がこのルールが機能する限りは同意を生産しうることや、逆に共演を通してもキャラクターの獲得につながらなかったり、キャラクターを獲得しても仕事の獲得につながらなかったりすれば、同意が破綻することが予測可能になる。性の商品化をめぐってはすでに何らかの線引きが存在しているが、仕事の継続に支障が生じることによって、現場の管理者や同業者などへの問題意識が改めて生じる可能性もあるだろう。ここで記述された生活を含んだキャリアのあり方は、ＡＶ女優の労働の「最低基準」の一つなのだ。

このような同意をめぐるゲームとそのルールの記述をＴＳＯＬが示唆するように労働をとりまく多様な境界や関係性も踏まえつつ行うことは、労働者の〈受容〉がいかにしてなされているのか、それがいかなる〈受容の限界〉を内在しているのかをその職業固有の形で明らかにすることができる。ここにいかなる〈支配〉が働いているのか、〈変革〉の契機があるのかといった問題は、ここで明らかにした〈受容〉の内実を前提にしてはじめて問える問題である。ＡＶ女優のキャラクターの獲得プロセスについて〈支配〉を論じることもできるが、これは〈受容〉としてのキャラクター獲得プロセスを把握できて初めて成立する問題である。こうしたことからも、〈支配〉〈変革〉といった問題を論じるならば、まずは徹底した〈受容〉の記述を積み重ねていくべきなのである。

5−7　労働社会学の新たな指針

本章では、日本国内の労働社会学の射程を変わりゆく労働環境に合わせた形で再考するために、欧米の労働社会学との接続を考察し、雇用によらない労働に対する質的研究の意義づけを理論的に再定式化した。本章では、日本の労働社会学の到達点として河西宏祐が提示した、労働社会学の基本問題として〈支配・受容・変革〉という視点が重要だとする議論に着目し、そのなかでも労働者の〈受容〉に焦点化することの意義を指摘した。しかし雇用によらない労働においては〈支配〉の主体が明確ではなく、それに伴って〈変革〉の対象も再考する必要が生じることから、〈支配・受容・受容の限界〉として定式化し、そのなかでも〈受容〉の記述を蓄積することの重要性を指摘した。

その〈受容〉の視点を〈支配〉を前提としないなかでも展開するために、労働者の資本主義的労働過程に対する同意に着目したブラウォイの議論を取り上げた。同意をもたらすゲームと、それを支えるルールを記述することが、河西の〈受容〉をより精緻に取り扱うことにつながることを論じた。

グラックスマンの議論から、雇用によらない労働は私的領域などとの関係性が重要になることから労働概念を再配置するＴＳＯＬの意義を指摘し、職場外の同意にも着目することが重要であると議論した。こうした同意のあり方は個別の労働に即して質的に記述されることによってはじめて意味をもつことから、同意とＴＳＯＬの論点を含んだ記述を実際に行っている経験的研究としてミアーズによるＶＩＰクラブで無償労働を行う女性と鈴木涼美によるＡＶ女優を対象とした質的研究を検討した。これらの研究は、質的調査を用いて労働者が依拠するゲームとルールを職場内に限られずに記述することによって、その職業が固有に持つ「最低基準」のあり方を明らかにすることに成功していた。

こうした議論は、雇用によらない労働において新たな職業生活の質を模索する議論（Warhurst and Knox 2020）が、画一的な「最低基準」を拙速に目指すのに対して、まずは個別の労働に即して存在するさまざまな基準を明らかにするということの必要性を示すという貢献をすることになる。近年雇用によらない労働の典型例であるフリーランス労働に関する様々な量的調査がなされている（リクルートワークス研究所 二〇二〇など）が、そこで効果的な質問項目を設定するためにも、まずは本章の方針に基づく産業ごとの質的な記述の蓄積は重要な意味をもつ。本章は労働者の〈受容〉の記述に着目することで、労働社会学にとって質的調査がいかなる意味をもつのかを再定位してきたのである。

本章が提示してきた視点は、労働社会学において蓄積してきた個別の雇用によらない労働に関する事例研究を互いに関連づけることを可能にする。近年の日本の労働社会学においては、建築士（松村 二〇二一）や一人親方（柴田二〇一七)など、雇用をベースとしない労働を対象とした事例研究が蓄積されつつある[4]。これらの研究は重要であるが、雇用によらない労働をめぐる研究を発展させるうえでは、個別の記述を方法的に比較し関連づける必要がある。本章はそうした検討に向けた視点を準備するものであるが、実際にその検討をすることに関しては今後の課題である。

注

1　ブラウォイ(一九七九)はここで挙げた出来高賃金をめぐるゲーム以外にも、作業のタイミングを管理者を欺く形で調整すること(同前:一六五)、裁量を守るための団体交渉(同前:一一五)などもゲームとして取り上げている。

2　近年の労働社会学会で、「生活という視点から労働世界を見なおす」(『日本労働社会学会年報』三〇号)という特集が行われ、生活から労働を問い直す視座が期待されている。

3　リクルートワークス研究所(二〇二〇)の質問紙調査によれば、「フリーランスになるために重要なこと」への回答の第一位は「生活資金を蓄えること」(四四・八%)、第二位は「受注先とのコネクションをつくること」(三三・七%)である。

4　雇用をベースとしない労働の研究は、近年のウーバーなどを代表とするプラットフォーム労働の台頭によってより重要性が増している。こうした労働では労働者がアプリ上の指示に基づいて配達などを行うが、不透明なアルゴリズムによって管理されることの経験や問題性が盛んに議論されている(Wood et al. 2019)。近年のプラットフォーム労働の動向については松永(二〇二三)にて整理した。

第6章　全体のまとめと今後の課題

6-1　本書の要約

本書では、河西宏祐を軸に労働社会学という学知について学説と理論の双方の観点から検討してきた。そのなかで、河西宏祐が労働社会学という学問の課題をどのように捉え対処しようとしていたのか、そして労働をめぐる個人化という問題についてどのようにその理論を刷新するべきであるのかを議論してきた。以下で、各章の知見について整理したい。

まず第2章では、河西の自伝と社会調査の内容にとくに注目しながら、河西が労働社会学において問うべき対象とは何であるのかについて検討した。河西宏祐は、ライフワークとして少数派労働組合を対象とした調査研究に従事しており、そうした対象を扱うことの一つの理由は、日本的経営賛美論への批判的視点を提供することであり、日本的経営論の一つの支柱である一企業一組合論を反駁することにあった。しかし、河西は労働調査に従事するなかで、従業員文化と労働者文化という重要な理論的区別を見いだしていた。つまり、同じ労働現場に醸成される文化であっても、使用者側が主導権をもって作り上げられるものと、労働者側が主導権をもって作り上げられるものがあるという区別である。河西は後者を実現している対象として少数派労働組合を描き、どのように労働者文化が形成されているのかを明らかにしてきたのである。この労働者文化は、少数派労働組合を対象として行われる必然性はないが労働社会学が捉えるべき一つの固有の現象であると考えることができ、労働社会学が今後明らかにしていくべき対象であると位置づけられることを論じた。

第3章では、労働社会学教育という観点から河西の貢献を検討した。雇用の流動化・個人化の流れのなかで、これまでの労働社会学の蓄積を生かした労働社会学教育のあり方を今後考えていく必要がある。河西は、自身が労働社会学の教育実践に積極的に取り組んでいただけではなく、少数派組合という一見すると限られた対象から、他の対象を扱う労働社会学研究にも通じるさまざまな視点を著作のなかで示していた。具体的には、労働現場にかかわる多様なアクターとその関係を記述することや、労働者の生活に立脚した形で議論を行うこと、当事者の論理を記述することといった、労働社会学が実際に研究を進めるうえで重要といえる実践についての視点を示していた。河西は、いくつか労働社会学や調査方法論についての教科書的な著作をも執筆しているが、本書では電産や広電といった河西が研究書として取りまとめたものについても、河西が教科書等で示している方針を実演しているものであり。一つのチュートリアルとして読めることを議論してきた。こうした点で河西は労働社会学が行う研究上・実践上の記述がどのようなものであるかを後進が知るための蓄積を多く残しており、その点において労働社会学史の貢献は大きなものであった。しかしその一方で、労働組合という対象を扱ったことによって、労働者の個人化や労務管理があいまいにしか存在しない労働をいかにして捉えるかという論点が残ることも主張した。

4・5章では河西が残した理論的課題を乗り越えるための方針について議論した。4章では、河西が労働社会学の基本問題として定式化していた〈支配・受容・変革〉について、労働組合という対象を前提としない形でどのように発展させるかについて論じた。近年研究の蓄積が進んでいる新しい労働者組織研究を検討しながら、労働者同士が形成する共同性と、その共同性を必要とする契機が経験的研究のなかで記述されていることが到達点とみなせることを指摘した。そのうえで、労働社会学においてまずもって記述されるべき現象は〈受容〉であり、そこから共同性を求める契機は日常的な〈受容〉の論理が何らかの仕方で立ちいかなくなる可能性を同時に生じると考えられることから、〈変革〉を〈受容の限界〉として捉えることが重要であることを論じた。実際に、河西も〈変革〉という概念において大規模な体制変化などを想定していたわけではなく、労働者の意識が自らかかわる労働のみに埋没せず、別の社会領域にも拠り所がある状態を示していた。したがって、労働社会学の基本問題を〈支配・受容・受容の限界〉として、支配という現象は〈受容〉と〈受容の限界〉を問うことのなかで浮かび上がってくるものであることを明らかにした。

5章は、労働者の生活までも理論的視野に入れた労働社会学の枠組みがいかなるものであるか、河西の達成と英米における有力な英米圏の労働社会学の枠組みを組み合わせながら議論した。労働者の個人化にともなって、労働生活の質を捉えるための基準を見直す動きが近年なされており、そこでは長期雇用や昇進といった雇用労働に特有の価値よりも労働時間や場所の自己決定など、非雇用の働き方にある要素を加えた基準を用いることが必要とされている。社会学としては、労働者自身がどのようにして何を自らの労働生活の質であると考え、実際自らの生活を維持しているのかを問うことが重要である。そのために、河西から導かれた〈支配・受容・受容の限界〉をブラウォイの同意生産論やグラックスマンの労働の全社会的組織化の枠組みを結びつけて、労働者が日常的に行っている受容の論理を労働過程や労使関係の内部からだけではなく、私生活を含めた労働現場の外部との関係性を捉えるような生活史を記述していく必要があると論じた。

6-2　本書の残された課題

以上を踏まえたうえで、本書の知見に基づいて日本の労働社会学にどのような課題が残されているのかについて言及して議論を締めくくりたい。本書の議論をさらに発展させるうえで重要と考えられるのは、①生活研究との再接続、②リサーチ・ヘリテージの視点に基づくさらなる産業・労働社会学史研究、そして③労務管理・マネジメントに関する社会学的検討の三点である。

第一に、本書ではとくに5章において、労働社会学が私的領域を含めた生活の問題を捉えることの重要性と、そうした視点も河西宏祐の〈支配・受容・変革〉の議論の発展として位置づけられることを示してきた。しかし、本書では労働研究と生活研究の関係性を体系的に整理し展開するには至っておらず、さらなる議論の発展が必要である。

生活という論点を発展させていくために、とくに本書が取り組んだような学説研究との観点で必要となる作業は、やはりなぜ社会学において労働と生活という論点が切り離されていったのかについての検討である。労働社会学という分野が提唱された時期においては、そもそも労働研究と生活研究は当初はそれほど離れた位置になかったと思われる。たとえば河西は、有賀喜左衛門の農村社会学を自らの学問上の位置づけとして意識していることを自伝のなかで語っていた。ほかにも、産業社会学の黎明期に多くの社会学者の共同研究として行われた埼玉県川口市の鋳物業者を対象にした調査研究では、事業継承などをめぐる生活史研究が取り組まれている（尾高編一九五三）。このような黎明期における労働と生活への視点の結びつきにもかかわらず、どのようにして両者が切り離されていったのか、そこで何が失われていったのかについては押さえておく必要があるだろう。

この問題について取り組むことは、社会学における「共同体」として何が問われてきたのかを検討することにもつながる。労働を中心とした共同性を問う学問として成立した産業社会学や労働社会学であるが、実際には企業組織などの労働のなかにある共同性を明らかにすることに注力していった。こういった方向性として象徴的なものとして産業社会学における「企業コミュニティ」の概念がある。この概念は、日本企業における従業員が自らの所属する組織に対して強いコミットメントを有していること、そして経営側も従業員に組織への定着を促すようなマネジメントを行うという特徴を指し示して用いられるようになった。企業コミュニティという論点は、実際には地域コミュニティとは別様に企業において成立している共同性を捉えるという論点を含んでいたと考えられる。しかし、近年はまた地域研究と労働研究の接点を問い、企業コミュニティと地域コミュニティの相互浸透を扱うような議論の必要性が主張されている(長谷部二〇二二)。こうした議論をさらに展開するにあたって、労働社会学が、地域社会学や都市社会学と今後さらに連携していくことが必要になるだろう。

第二の論点は、リサーチ・ヘリテージという観点から産業社会学者・労働社会学者の研究を引き続き再整理することである。本書では、日本の労働社会学史のなかで理論的な整理を行い、かつ日本労働社会学会の設立にもかかわった人物としての河西宏祐について論じてきた。本書が行ったさまざまな学説史的な整理や理論的展開は、河西がまとめた教科書的文献によるのではなく、河西が取り組んだ労働調査への問題意識や実際に取り出してきた知見などを精査することによって行うことができたものである。伝統的に社会調査を基盤としてきた労働社会学において、各論者の学的達成を検討するにあたっては、調査に基づいて学説を整理する取り組みがきわめて重要であり、今後さまざまな論者についてそうした取り組みが蓄積されていく必要があるだろう。

こうした取り組みを進めるうえで、労働社会学における調査がどのような実践的意義を発信していこうとするのかという論点と密接に結びついていることは重要である。たとえば、労働社会学は伝統的に日本的雇用慣行の是非を論じるための一つの資源を提供することであったり、それと関連した労働政策の形成、あるいはそれへの批判に資するような議論を提供することに関心があった。これまでに行われてきた調査研究がどのような宛先を想定していたのかを念頭に置きつつ、リサーチ・ヘリテージの継承に取り組む必要があるだろう。

とくに、労働社会学の諸研究は、「実証」的な調査に基づいて「事実」を明らかにすることが一種のスローガンとして重視されてきた。しかし、ここでいう「実証」や「事実」とは何を意味するのか、そしてそれらを何を達成しようとしていたのかについては、明確に整理されることがなかったように思われる。たとえば河西の議論からは理論や計量的な研究では捉えられない現実を質的調査から捉えるといったことが意識されていた。これは単なる方法論的なこだわりというだけではなく、河西の問題意識のなかにあった日本的経営賛美論批判を達成するにあたって労働者の意識の内実を捉えるような視点が重要であると河西が考えた点が大きいだろう。

こうしたことから、労働社会学における調査の重視は、学問としてどのような実践的な意義を発信していこうとするのかという論点と密接に結びついているように思われる。たとえば、日本的な雇用慣行の是非を論じるための一つの資源を提供することであったり、それと関連して労働政策の形成、あるいはそれへの批判に資するような議論を提供していくことと、どのような調査の知見が求められるのかは密接に関連している。どのような知見の宛先を設定するかという問題は、同じように実証的な社会調査を重視するとしても、論者によって差異があると考えられる。そうした差異を整理することができれば、労働社会学における実証研究の重視を単なるスローガンとしてではなく、どのような学的達成とともにどのような調査を重視するべきなのかという議論を進めることができるだろう。

労働社会学では「実証」「事実」が研究上のスローガンとしてよく言われるが、それ自体を最終目標としていたわけではなく、何らかの手段だったはずである。その内実を明らかにすることも今後の課題である。

最後に、第三の点としては、労務管理・マネジメントに関する社会学的再検討がある。河西宏祐は少数派労働組合を対象としていたものの、〈支配・受容・変革〉の枠組みに見られるように、使用者による労務管理という側面を捉えることも理論的視点に含めていた。しかし、河西はある程度支配の主体が明確である事例を想定しており、本書では支配は労働者による受容と受容の限界を問うことを通して結果として浮かび上がるものであることを指摘してきた。こういった視点は、フリーランス労働などの個人化した労働において、搾取や疎外といった視点から労働を描くのとは異なるものとして必要であることを本書を通して主張してきた。

このように支配という問題を問いなおしたことによってさらに必要になるのは、社会学としてどのようにして使用者や経営者、あるいは労使関係上の位置づけにかかわらずマネジメントと呼べる行為を分析していくかという問題である。たとえば前者としては、マネジメントを担う者がいても、いかにして企業や産業の活動を支える個人化した労働力を維持するかが問題になる場合がある。そこでなされるマネジメントは制度的な労務管理だけでなく、仕事の需給に関わる人間関係の維持など、社会学的視点が重要になる対象も含まれうる。たとえばアニメ産業ではフリーランスのアニメーターの作品制作への配置は末端のマネジメント職である制作進行によって担われる。制作進行は自身のネットワークを利用しつつ、多くの場合他の仕事を抱えているアニメーターへの情報収集と交渉に従事しながら、自らの担当作品への労働力供給を確保しようとする。後者においては、むしろマネジメントに相当する行為を労働者自身が担う必要が、フリーランス労働においては生じやすくなる。ここでのマネジメントは、自らの仕事にかける労力や労働時間の管理など一般的な労務管理に含まれるものも含むが、私的領域における生活時間の管理や、生活の維持のためにさらに自らの生活を維持するために行う仕事のポートフォリオの管理など、広汎な活動が含まれることになる。このような形でマネジメントを捉えると、労働者をとりまく、あるいは労働者が自らおこなっているマネジメントの在り方は多様かつ複層的なものとして捉えられる。マネジメントを単純に労働者文化を侵食するものとの対立の中でとして考えるのではなく複層化して捉えることも重要になってくると思われる（永田・松永・中村編 二〇二三）。

6–3　本書の意義

本節では本書の内容が、序章で述べた問題意識に対してどのような意義をもっているのかについて議論したい。序章では、労働社会学が伝統的に労働者の共同性を探求の対象としていたことを確認しつつ、その共同性の個人化が進行していることとの関係でどのように共同性を問うべきかという課題を述べた。それに加えて、労働社会学分野の研究者の側も個人化していることについて、労働社会学という研究プログラムの捉えなおしが必要であることについても述べた。これらの点について河西の議論から何を学ぶことができたのかについて整理する。

第一に、本書は研究者の個人化について、労働社会学の研究プログラムの方向性を示すことで一定の方向性を見いだすことを試みた。労働社会学における諸研究は、日本的雇用システムや労使関係といった理論的視点を自明視できなくなるにつれて、大企業や労働組合などにかわる研究対象を見いだすことができなくなり、結果として個別の職業研究などを行う研究者が必ずしも相互参照を行わない形で個人化していったように思われる。本書は河西の労働社会学の研究プログラムに立ち戻ることによって、現代的な文脈でどのような研究プログラムが労働社会学に必要とされているのかについて議論してきた。上記でも論じたような労働者文化や〈支配・受容の限界〉という枠組みに基づく研究は、その一例である。それに加えて本書が議論してきたのは、第5章で扱ったように、たとえ労働者という存在を扱うにしても、その組織や職場における働き方だけを対象にするのはなく、職場の外における生活のあり方にも焦点を当てる必要があるということである。とくに本書では、こうした労働と生活の関連性を問う方法論として生活史の重要性を強調してきた。労働社会学分野の研究は伝統的に労働者へのインタビュー調査を重視してきたが、その調査に生活に関する項目を含めていくことによって、これまでとは異なる労働調査の可能性が開けてくるのである。こうした方針のもとになされる研究は、一つ一つは個別的な研究として特徴づけられるだろうが、一方で生活への視点が一貫して貫かれた調査研究が蓄積することによって、個々の研究対象をもった研究者同士が共通した視座をもって議論できるような視座が再構築されることに本書は期待したいのである。

第二に、労働者の個人化との関連では、本書は労働組合研究も含まれる労働運動論にも貢献するものであることも述べておきたい。本書では全体として社会運動ユニオニズムや個人加盟ユニオン研究に批判的な言及を行ってきたが、そこでの強調点は労働者文化が表現される形式は労働者組織に限られないという点や、そもそも個人化した労働者が連帯を必要とする契機をより明確に研究対象に含む必要があることにあった。実際、第4章において論じたように、河西のいう〈変革〉は労働者が自らの職場に埋没せず、職場以外の社会領域にも拠り所をもてることを意味していた。このことは、労働組合が労働者文化を表現する形式の一つでしかなく、他にも多様な形式が想定されうることを意味している。実際に近年の個人加盟ユニオン研究でも、伝統的な労働者性に訴えるのではない仕方での連帯を模索することの重要性が指摘され始めている。中根多恵（二〇二二）は日本音楽家ユニオンの活動を議論するなかでそこでは「労働」フレームをむしろ遠ざけるように活動がなされており、むしろ芸術家であることに即した連帯が模索されていることを指摘している。こうした伝統的な労働者性とは異なる側面の連帯を記述しようとする方針と本書は軌を一にするものだといえるだろう。さらに、こういった労働者性が当事者にとっても明確ではない労働者において、どのようなときに当事者にとって連帯が必要とされるのかについても本書は議論してきた。こういった労働者の類型として近年台頭しているプラットフォームワーカーがあるが、こういった労働者についても従来的な労働者像に則った組織化が難しいため、プラットフォームワーカーが直面している問題に即して組織化につながるような「萌芽的連帯」を記述しようとする研究が現れている（Tassinari and Maccarrone 2020）。本書はこういった国際的な研究の文脈にも位置づけられる枠組みを、日本ローカルな議論の延長線上で発展させてきたのである。

第三に、労働者の共同性に関しては、河西の重要な理論的視点であった労働者文化と、それに加えて本書で議論した〈支配・受容・受容の限界〉の枠組みを組み合わせて考える道筋が得られたことが重要である。河西の労働者文化は、少数派労働組合研究を通して導出された概念でありつつ、一方で労働社会学一般に対象としうる広い理論的射程を持つ概念であった。本書でも対象に限られず労働者自身が形成していく文化を記述することが今後の労働社会学において重要であることを第2章で指摘した。加えて、〈支配・受容・受容の限界〉の議論を踏まえると、労働者文化は、労働組合のような形で明確な組織的形態をもっている場合にのみ捉えられるとは限られず、労働者による受容を支える論理が個人を超える水準（たとえば職業）などにおいてゆるやかに共有されているという場合も考えることができる。こうした組織的な形態をもたない労働者文化は、従来的な労働社会学が捉えてきた共同性よりも射程を広く持つものであり、かつ実際に労働組合組織率の低下などの形で労働者の個人化が見られるなかにおいても共同性を問う余地が十分に残っているという点で非常に重要である。このようにして本書は河西の検討を通してより広い労働者文化へのアプローチを得るに至ったのである。

このように、本書は河西宏祐の議論を詳細に検討しながら、現在の労働社会学が抱えている多くの課題を乗り越える見通しを与えることを試みてきた。今後さらに労働社会学が扱う対象自体は多様化していくと考えられるが、それらを貫く理論的視点の再構築が必要であり、そのために河西宏祐の議論に立脚することが有効であることを本書全体を通して論じてきたのである。

参考文献

阿部真大、二〇〇五、「バイク便ライダーのエスノグラフィー——危険労働にはまる若者たち」『ソシオロゴス』二九：二一五—三一.

———、二〇〇六、『搾取される若者たち——バイク便ライダーは見た！』集英社新書.

Alacovska, Ana, 2019, "'Keep hoping, keep going,' Towards a hopeful sociology of creative work," The Sociological Review, 67 (5) : 1118-1136.

Braverman, Harry, 1974, Labor and Monopoly Capital: The Degradation of Work in the Twentieth Century, New York: Monthly Review Press.（一九七八、富沢賢治訳、『労働と独占資本』岩波書店.）

Burawoy, Michael, 1979, Manufacturing Consent: Changes in the Labor Process under Monopoly Capitalism, London: The University of Chicago Press.

Castel, Robert, 2009, La montée des incertitudes: travail, protections, statut de l'individu, Paris: Seuil.（二〇一五、北垣徹訳、『社会喪失の時代——プレカリテの社会学』明石書店.）

Dermott, Esther, 2005, "Time and Labour: Fathers' Perceptions of Employment and Childcare," in Pettinger, Lynne, Jane Parry, Rebecca Taylor and Miriam Glucksmann (eds) A New Sociology of Work?, Malden: Blackwell: 91-103.

Dunlop, John, 1958, Industrial Relations Systems, Southern Illinois Press.

江夏幾太郎、二〇一七、「賃金とは——経営学の観点から」『日本労働研究雑誌』六八一：三二—三.

Garfinkel, Harold, 1967, Studies in Ethnomethodology, New Jersey: Prentice-Hall.
Glucksmann, Miriam, 2000, Cottons and Casuals: The Gendered Organisation of Labour in Time and Space, Durham: Sociologypress.
（二〇一四、木本喜美子監訳『「労働」の社会分析――時間・空間・ジェンダー』法政大学出版局.）
――――, 2005, "Shifting Boundaries and Interconnections: Extending the 'Total Social Organisation of Labour,'" in Pettinger, Lynne, Jane Parry, Rebecca Taylor and Miriam Glucksmann (eds) A New Sociology of Work?, Malden: Blackwell: 19-36.
――――, 2009, "Formations, Connections and Divisions of Labour," Sociology, 43 (5) : 878-895.
遠藤公嗣編、二〇一二、『個人加盟ユニオンと労働ＮＰＯ――排除された労働者の権利擁護』ミネルヴァ書房.
藤田栄史、二〇〇八、「『ポスト工業社会』の労働社会論」『社会学評論』五九（一）：一一四―一三一.
福井祐介、二〇〇三、「コミュニティ・ユニオンの取り組みから――ＮＰＯ型労働組合の可能性」『社会政策学会誌』九：八九―一〇二.
――――、二〇〇五、「日本における社会運動的労働運動としてのコミュニティ・ユニオン――共益と公益のあいだ」『大原社会問題研究所雑誌』五六二・五六三：一一七―一二八.
Harvey Geraint, Carl, Rhodes, Sheena Vachhani, Karen Williams, 2017, "Neo-villeiny and the service sector: The case of hyper flexible and precarious work in fitness centres," Work, Employment and Society 31 (1) : 19-35.
橋口昌治、二〇一一、『若者の労働運動――「働かせろ」と「働かないぞ」の社会学』生活書院.
兵頭淳史、二〇一三、「産業別労働組合地域支部による外国人労働者の組織化――静岡県西部地域における金属産業労組の取り組みを中心とする考察」『専修大学社会科学研究所月報』五九七：二五―三六.
間宏、一九六四、『日本労務管理史研究――経営家族主義の形成と展開』ダイヤモンド社.
――――、一九七四、『イギリスの社会と労使関係：比較社会学的考察』日本労働協会.
――――、一九七五、「産業社会学の再考と展望」『社会学評論』一〇二―一一六.
長谷正人、二〇〇〇、「労働はいかにして喜びになりうるか」大澤真幸編『社会学の知三三』新書館：一六四―九.

長谷部弘道、二〇二二、「企業と地域の結節点としての「企業内コミュニティ」——日立製作所における自衛消防隊の二つの機能」『二一世紀の産業・労働社会学——「働く人間」へのアプローチ』ナカニシヤ出版.

本田由紀、二〇〇八、『軋む社会——教育・仕事・若者の現在』双風舎.

伊原亮司、二〇一六、『トヨタと日産にみる〈場〉に生きる力——労働現場の比較分析』桜井書店.

————、二〇一七、『ムダのカイゼン、カイゼンのムダ——トヨタ生産システムの〈浸透〉と現代社会の〈変容〉』こぶし書房.

————、二〇二一、「分野別研究動向（労働・産業・経営）」『社会学評論』七二（一）：三七—五七.

飯嶋和紀、二〇一六、『労働組合職場組織の交渉力——私鉄中国広電支部を事例として』平原社.

稲葉振一郎、二〇一九、『社会学入門・中級編』有斐閣.

石田光男、一九九〇、『賃金の社会科学——日本とイギリス』中央経済社.

————、二〇〇三、『仕事の社会科学——労働研究のフロンティア』ミネルヴァ書房.

————、二〇一四、「雇用関係の理論と方法のために」『社会科学論集』一四三：一九—五三.

岩永昌晃、二〇一七、「賃金とは——法学の観点から」『日本労働研究雑誌』六八一：二三—五.

稲上毅、一九七四、「労働意識研究の展開をめざして——新しい労働規範の生成」『日本労働協会雑誌』一六（七）：三八—五二.

————、一九八一、『労使関係の社会学』東京大学出版会.

金子良事、二〇一七、「賃金とは——労使関係の観点から」『日本労働研究雑誌』六八一：二六—八.

川口大司、二〇一七、「賃金とは——経済学の観点から」『日本労働研究雑誌』六八一：三一—三.

Kalleberg, A., 2000, "Nonstandard Employment Relations: Part-time, Temporary and Contract Work," Annual Review of Sociology 26: 341-65.

河西宏祐、一九七〇、「企業別組合の「経営内的機能」と職場集団」『社会学評論』二一（三）：五四—七四.

————、一九七七、『少数派労働組合論』海燕書房.

――、一九七九、「産業・労働社会学の動向と課題」『季刊労働法』一一三：二〇二―一一三．（＝二〇〇一、『日本の労働社会学』早稲田大学出版部、第一章「労働社会学と『生活共同体』研究」に再録）

――、一九八一、『企業別組合の実態』日本評論社．

――、一九八九、『企業別組合の理論』日本評論社．

――、一九九二、『聞書・電産の群像――電産十月闘争・レッドパージ・電産五二年争議』平原社．

――、一九九九、『電産型賃金の世界――その形成と歴史的意義』早稲田大学出版部．

――、二〇〇一、『日本の労働社会学』早稲田大学出版部．

――、二〇〇五、『インタビュー調査への招待』世界思想社．

――、二〇〇七、『電産の興亡――一九四六年～一九五六年――電産型賃金と産業別組合』早稲田大学出版部．

――、二〇一六a、『労働社会学五〇年――私の歩んだ道 前篇 改訂版』河西宏祐．

――、二〇一六b、『労働社会学五〇年――私の歩んだ道 後篇 改訂版』河西宏祐．

河西宏祐編、一九八六、『戦後日本の争議と人間』日本評論社．

――、一九九一、『大学生が書いた現代日本社会論』平原社．

――、一九九二、『戦後史とライフヒストリー――千葉大学教養部の教育実践記録』日本評論社．

――、二〇〇二、『学生に語るジャーナリストの仕事』平原社．

経済協力開発機構編、労働省訳、一九七二、『ＯＥＣＤ対日労働報告書』日本労働協会．

北川隆吉・松島静雄・間宏、一九五八、「発電所建設をめぐる問題――近代技術の労働組織に及ぼした影響」日本人文科学会編『佐久間ダム』東京大学出版会：一八九―二六二．

木本喜美子、二〇〇三、『女性労働とマネジメント』勁草書房．

岸政彦・石岡丈昇・丸山里美、二〇一七、『質的社会調査の方法――他者の合理性の理解社会学』有斐閣．

北田暁大、二〇一五、「社会学的忘却の起源――社会学的プラグマティズムの帰結」『現代思想』四三（一一）：一五六―

八七.
伍賀一道、二〇一四、『「非正規大国」日本の雇用と労働』新日本出版社.
小林多寿子、二〇一八、『系譜から学ぶ社会調査――二〇世紀への「社会へのまなざし」とリサーチ・ヘリテージ』嵯峨野書院.
小池和男、一九七七、『職場の労働組合と参加――労資関係の日米比較』東洋経済新報社.
小杉礼子編、二〇〇二、『自由の代償／フリーター――現代若者の就業意識と行動』日本労働研究機構.
小谷幸、一九九九、「女性の〝新しい〟労働運動――「女性ユニオン東京」の事例研究」『労働社会学研究』一：二一―二五.
――――、二〇〇一、「『東京管理職ユニオン』組合員の意識変容」『日本労働社会学会年報』一二：一四七―七八.
――――、二〇一三、『個人加盟ユニオンの社会学――「東京管理職ユニオン」と「女性ユニオン東京」（一九九三年～二〇〇二年）』御茶の水書房.
国際労働研究センター編、二〇〇五、『社会運動ユニオニズム――アメリカの新しい労働運動』.
Kunda, Gideon, 1992, Engineering Culture: Control and Commitment in a High-Tech Corporation, Philadelphia: Temple University Press.（＝二〇〇五、金井壽宏監修・樫村志保訳、『洗脳するマネジメント――組織文化を操作せよ』日経ＢＰ社）.
熊沢誠、一九七六、『労働者管理の草の根――現代の労働・状況と運動』日本評論社.
京谷栄二、二〇一四、「小谷幸著『個人加盟ユニオンの社会学――「東京管理職ユニオン」と「女性ユニオン東京」（一九九三年～二〇〇二年）』」『社会学評論』六五（一）：一五一―二.
Luhmann, Niklas, 1970, Soziologische Aufklärung: Aufsätze zur Theorie sozialer Systeme: Opladen: Westdeutscher Verlag.（＝土方昭訳、一九八三、『法と社会システム――社会学的啓蒙』新泉社.）
松島静雄、一九五一、『労働社会学序説』福村書店.
――――、一九六二、『労務管理の日本的特質と変遷』ダイヤモンド社.
――――、一九七九、『中小企業と労務管理』東京大学出版会.
Mears, Ashley, 2015, "Working for Free in the VIP: Relational Work and the Production of Consent," American Sociological Review 80 (6):

1099-122.
皆川宏之、二〇一二、「「労働者」概念の現在」『日本労働研究雑誌』六二四：一六―二六.
守島基博、二〇〇四、『人材マネジメント入門』日本経済新聞社.
元島邦夫、一九七七、『変革主体形成の理論――マルクスとウェーバー』青木書店.
Mouer, Ross and Hirosuke Kawanishi, 2005, A Sociology of Work in Japan, Cambridge: Cambridge University Press.（＝二〇〇六、河西宏祐・ロス＝マオア、渡辺雅男監訳、『労働社会学入門』早稲田大学出版部.）
松村淳、二〇二一、『建築家として生きる――職業としての建築家の社会学』晃洋書房.
松永伸太朗、二〇一七、『アニメーターの社会学――職業規範と労働問題』三重大学出版会.
松永伸太朗・永田大輔、二〇一九a、「労働社会学における『労働者文化』と労働調査――河西宏祐の自伝的テキストを手がかりに」『ソシオロゴス』四三：一四〇―五六.
――――、二〇一九b、「ポスト工業社会における労働者の共同性と個人契機の記述――河西宏祐の『労働者文化』論の可能性」『日本労働社会学会年報』三〇：八九―一一三.
宮地弘子、二〇一二、「ソフトウェア開発現場における自発的・没入的労働の相互行為論的考察――「人々の社会学の視点から」『社会学評論』六三(二)：二二〇―三八.
――――、二〇一六、『デスマーチはなぜなくならないのか――IT時代の社会問題として考える』光文社新書.
永田大輔・松永伸太朗・中村香住、二〇二三、『消費と労働の文化社会学――やりがい搾取以降の「批判」を考える』ナカニシヤ出版.
中根多惠、二〇一七、『多国籍ユニオニズムの動員構造と戦略分析』東信堂.
――――、二〇二三、「「労働」カテゴリーに抗う音楽家たちによる連帯への模索――芸術性と労働性の間にある「労働的なもの」のジレンマをめぐって」永田大輔・松永伸太朗・中村香住編『消費と労働の文化社会学――やりがい搾取以降の「批判」を考える』二二三―二四〇.

中西新太郎・高山智樹編、二〇〇九、『ノンエリート青年の社会空間―働くこと、生きること、「大人になる」ということ』大月書店.
中野卓、一九八一、「個人の社会学的調査研究について（一）」『社会学評論』三二（一）：二―一二.
中村香住、二〇一七、「フェミニズムを生活者の手に取り戻すために――『性の商品化』に対する現代女性の『気分』の分析を通して」『新社会学研究』二：一七六―一九五.
西野史子、二〇〇六、「パートの基幹労働力化と正社員の労働――『均等処遇』のジレンマ」『社会学評論』五六（四）：八四七―六三.
野村駿、二〇二三、『夢と生きる――バンドマンの社会学』岩波書店.
尾高邦雄、一九四九、「産業社会学の課題――とくにアメリカにおけるその発展を中心として」東京大学社会学会編『現代社会学の諸問題――戸田貞三博士還暦祝賀紀念論文集』三四九―三九二.
――――、一九五三、『産業における人間関係の科学』有斐閣.
――――、一九六三、『改訂 産業社会学』ダイヤモンド社.
小川慎一、二〇〇六、「分野別研究動向（労働）――産業・労働社会学の現状と課題」『社会学評論』五六（四）：九六四―六一.
――――、二〇一五、「『働くこと』を社会学する――産業・労働社会学の視点」小川慎一・山田信行・金野美奈子・山下充『産業・労働社会学――「働くこと」を社会学する』有斐閣、一―一六.
小川慎一・山田信行・金野美奈子・山下充、二〇一五、『産業・労働社会学――「働くこと」を社会学する』有斐閣.
大河内一男・氏原正治郎・藤田若雄、一九五九、『労働組合の構造と機能――職場組織の実態分析』東京大学出版会.
大沢真理、二〇二〇、『企業中心社会を超えて――現代日本を〈ジェンダー〉で読む』岩波書店.
Pink, Daniel, 2001, Free Agent Nation: The Future of Working for Yourself, Warner Books.（＝二〇〇二、池村千秋訳、『フリーエージェント社会の到来――「雇われない生き方」は何を変えるか』ダイヤモンド社.）

Pettinger, Lynne, 2005, "Friends, relations and colleagues: The Blurred Boundaries of the Workplace," in Pettinger, Lynne, Jane Parry, Rebecca Taylor and Miriam Glucksmann (eds) A New Sociology of Work?, Malden: Blackwell: 39-55.

リクルートワークス研究所、二〇二〇、『データで見る日本のフリーランス――本業＝フリーランス三二四万人のリアル』リクルートワークス研究所.

佐藤健二、二〇一一、『社会調査史のリテラシー――方法を読む社会学的想像力』新曜社.

佐藤博樹・藤村博之・八代充史、一九九九、『新しい人事労務管理 第一版』有斐閣.

佐野嘉秀・佐藤博樹・大木栄一、二〇一二、「個人請負就業者の「労働者性」と就業選択――個人請負就業への志向と教育訓練機会に着目して」『日本労働研究雑誌』七二(一)：五五―六九.

Schwartz, David, 2018, "Embedded in the Crowd: Creative Freelances, Crowdsourced Work, and Occupational Community," Work and Occupations, 45 (3) : 247-82.

柴田徹平、二〇一七、『建設業一人親方と不安定就業――労働者化する一人親方とその背景』東信堂.

園田薫、二〇二三、『外国人雇用の産業社会学――雇用関係のなかの「同床異夢」』有斐閣.

鈴木涼美、二〇一三、『「AV女優」の社会学――なぜ彼女たちは饒舌に自らを語るのか』青土社.

鈴木玲、二〇〇〇、「八〇年代後半以降の労使関係文献サーベイ――「日本的労使関係」に肯定的立場をとる文献を中心として」『現代労使関係・労働組合研究会発表論文』(二〇一九年二月一九日取得、http://soclabor.la.coocan.jp/survey.html).

――――、二〇〇五、「社会運動的労働運動とは何か――先行研究に基づいた概念と形成条件の検討」『大原社会問題研究所雑誌』五六二・五六三：一―一六.

坂幸夫編、二〇一五、『現代日本の企業組織再編と労働組合の課題』学文社.

白井泰四郎、一九八〇、『労使関係論』日本労働協会.

髙橋祐吉、一九九九、「河西宏祐著『電産型賃金の世界――その形成と歴史的意義――』」『日本労働社会学会年報』一〇：二五三―八.

Tassinari, Arianna, and Maccarrone, Vincenzo, 2020, Riders on the Storm: Workplace Solidarity among Gig Economy Couriers in Italy and the UK, Work, Employment and Society, 34 (1) : 35-54.
戸室健作、二〇一一、『ドキュメント請負労働一八〇日』岩波書店.
津田真澂、一九七六、『日本的経営の擁護』中央経済社.
――、一九八一、『現代経営と共同生活体――日本的経営の理論のために』同文館.
津田真澂編、一九九三、『人事労務管理』ミネルヴァ書房.
富永京子、二〇一七、『社会運動と若者――日常と出来事を往還する政治』ナカニシヤ出版.
――、二〇一八、「社会運動――暮らしを通じた「らしくない」社会変革の試み」高野光平・加島卓・飯田豊編『現代文化の社会学――九〇年代と「いま」を比較する』北樹出版.
上田修、一九八三、「戦後初期の労働社会学――松島労働社会学について」『エネルギー史研究』一二：二九―四五.
氏原正治郎、一九六六、『日本労働問題研究』東京大学出版会.
山田信行、一九九六、『労使関係の歴史社会学――多元的資本主義発展論の試み』ミネルヴァ書房.
――、二〇一四、『社会運動ユニオニズム――グローバル化と労働運動の再生』ミネルヴァ書房.
山本潔、二〇〇九、「河西宏祐著『路面電車を守った労働組合――私鉄広電支部・小原保行と労働者群像』」『大原社会問題研究所雑誌』六二三：七三―六.
Warhurst, Chris, and Angela Knox, 2020, "Manifesto for a New Quality of Working Life," Human Relations, 1-18, (Retrieved December 30, 2020, https://journals.sagepub.com/doi/10.1177/0018726720979348).

あとがき

本書は、松永伸太朗と永田大輔の共同研究の成果である。本書の執筆はちょうどCovid-19の期間もはさんでおり、議論の多くが遠隔でなされることになった。このこと自体が労働が生活の中に濃淡がありつつも食い込んでくるという労働経験でもあった。そうした本書の成果が出来上がるまでには冒頭にあげた河西の文献との出会いからいくつかの段階を経ることとなった。

この構想は二人で執筆した別の本（『消費と労働の文化社会学――やりがい搾取以降の「批判」を考える』（ナカニシヤ出版、二〇二三年）や『産業変動の労働社会学――アニメーターの経験史』（晃洋書房、二〇二二年））の理論的バックボーンの学習もかねて構想された。両名とも必ずしも学史の専門家ではなく、特に永田は文献の見取り図が大きくはない段階にあった。そのため、多くの方に論述の妥当性について伺うことが不可欠であった。

幸いにも、我々は論文の査読・研究会・ゼミ等でさまざまな研究者と議論する機会に恵まれた。本書の第2章と第3章はソシオロゴス編集委員会が発行する『ソシオロゴス』『書評ソシオロゴス』に掲載された論文を初出としているが、これらは公開査読という形式を採用しており、論文に対して直接批評をいただいて議論する貴重な場となった。『ソシオロゴス』については当時尾高について学会報告をされていた園田薫さん・日本の経営史に詳しい中川宗人さんに査読を担当していただいた。『書評ソシオロゴス』では河西氏の指導院生であった飯嶋和紀さんと労働社会学的な視点で理論的な論考を多く執筆されている山田信行さんに査読を担当していただいた。

参加させていただいた研究会でも社会学と中心とした専門家から数々の助言を得ることができた。研究の初期には東京大学のメンバーを中心に日本国内の社会学史を研究する方々を中心に構成されたプレひま研に参加させていただいた。学史という営みそのものに明るくない著者たちにとって非常に有益な研究の方向性についていくつも示唆をいただくことができた。

我々が河西宏祐の研究に着手し論文をまとめていた時期は、労働社会学に関係する若手研究者のネットワークを広げようと研究会を組織して立ち上げている時期でもあった。産業・労働社会学研究会は松永と上記の園田さん・中川さんの三名で立ち上げ、労働社会学に関心の深い若手研究者同士で議論する機会に恵まれた。労働研究と文化研究を架橋する社会学研究が必要と感じていた我々は共同して消費文化と労働研究会を立ち上げ、ここでも河西宏祐の研究を報告させていただき、労働の立場に限られない幅広いコメントをいただいた。さらに、河西宏祐が生前に主催されていた社会調査研究会でも、最終的に本書としてまとまる研究の全体像を報告させていただき、河西の指導を受けた研究者の方々からも前向きなコメントをいただき、本書をまとめるうえでの大きな励みとなった。全体像については日本労働社会学会例会でも報告をさせていただき、学会の幹事を務める研究者の方々に内容を検討していただいた。これらの報告と議論の機会は本書の内容を練り上げるうえで不可欠であった。

これらの研究会・学会に加えて、筑波大学森直人ゼミでも第2章の原稿について検討していただく機会を得た。ここでは熊沢誠の議論との類似性について指摘をいただき、本書で河西宏祐の労働調査に焦点を当てていくことの重要性についてヒントをいただいた。

本書は、「JSPS 科研費 23HP5133（研究成果公開促進費）の助成を受けて出版されるものである。申請作業はもちろん、本書を取りまとめる学術的なプロセスをサポートしていただいた長野大学地域づくり総合センターの職員のみなさまに御礼を申し上げたい。加えて、本書の企画を受け入れてくださった東信堂の下田勝司さん、編集作業をご担当いただいた下田勝一郎さんにも御礼申し上げる。東信堂は日本労働社会学会年報の機関誌『日本労働社会学会年報』を発行されており、日頃から日本における労働社会学の学術知を下支えしてくださっている。

本書は、このような学術的な共同体のなかでの議論と協働の成果でもある。本書を取りまとめるにあたって多様な研究者のネットワークの助けを必要とし、独力で研究を完成させることの困難さを知る経験は、労働社会学者が個人化していくなかで学会の設立をはじめとして議論の場づくりに大きく貢献した河西の功績の大きさを再確認することに繋がった。本書を読んだ読者が河西を手がかりに労働社会学の足取りと方向性について触れ、さらに労働社会学を学ぶ者の共同体が広がっていくことを願っている。

初出一覧

第2章：松永伸太朗・永田大輔（二〇一九）「労働社会学における「労働者文化」と労働調査：河西宏祐の自伝的テキストを手がかりに」『ソシオロゴス』四三 一四〇―一五六

第3章：永田大輔・松永伸太朗（二〇一九）「労働社会学における事例記述の意義と方法：河西宏祐後期の労働組合をめぐるテキストを読む」『書評ソシオロゴス』一五 二六―四七

第4章：松永伸太朗、永田大輔（二〇一九）「ポスト工業社会における労働者の共同性と個人契機の記述：河西宏祐の「労働者文化」論の可能性」『日本労働社会学会年報』三〇 八九―一一三

第5章：松永伸太朗、永田大輔（二〇二一）「雇用によらない労働における産業に定位した「最低基準」の記述可能性：労働社会学における質的研究の再定位」『日本労働社会学会年報』三二 七五―九八

ま行

や行

ら行

わ行

た行

な行

は行

事項索引

人名索引

あ行

か行

た行

な行

は行

ま行

や行

わ行

著者紹介

松永 伸太朗(まつなが しんたろう)

1990年生まれ。長野大学企業情報学部准教授。専門は労働社会学・ワークプレイス研究。主著に『アニメーターの社会学――職業規範と労働問題』(2017年、三重大学出版会)、『アニメーターはどう働いているのか――集まって働くフリーランサーたちの労働社会学』(2020年、ナカニシヤ出版、第43回労働関係図書優秀賞受賞作)、『21世紀の産業・労働社会学――「働く人間」へのアプローチ』(2022年、ナカニシヤ出版、園田薫・中川宗人との共編)。

永田 大輔(ながた だいすけ)

1985年生まれ。専門は文化社会学・メディア論・メディア史。主著に『アニメの社会学――アニメファンとアニメ制作者たちの文化産業論』(2020年、松永伸太朗との共編)『ビデオのメディア論』(2022年、近藤和都・溝尻真也・飯田豊との共編、青弓社)『消費と労働の文化社会学――「やりがい搾取」以降の「批判」を考える』(2023年、松永伸太朗・中村香住との共編、ナカニシヤ出版)、『産業変動の労働社会学――アニメーターの経験史』(2022年、松永伸太朗との共著、晃洋書房、日本アニメーション学会賞2023(第10回)受賞。

労働社会学者・河西宏祐と労働者の共同性:「生活者としての労働者」の理論

2024年2月28日　初　版第1刷発行　〔検印省略〕

定価はカバーに表示してあります。

著者©松永伸太朗・永田大輔/発行者 下田勝司　印刷・製本/中央精版印刷

東京都文京区向丘1-20-6　郵便振替 00110-6-37828

〒113-0023　TEL (03) 3818-5521　FAX (03) 3818-5514

発行所 株式会社 東信堂

Published by TOSHINDO PUBLISHING CO., LTD.

1-20-6, Mukougaoka, Bunkyo-ku, Tokyo, 113-0023, Japan

E-mail : tk203444@fsinet.or.jp　http://www.toshindo-pub.com

ISBN978-4-7989-1895-2 C3036

東信堂

- 労働社会学者・河西宏祐と労働者の共同性 ―「生活者としての労働者」の理論　松永伸太朗・永田大輔　二七〇〇円
- 変貌する豊田 ―グローバル化と社会の変化に直面するクルマのまち　丹辺宣彦・中村麻理・山口博史 編著　三八〇〇円
- 豊田とトヨタ ―産業グローバル化先進地域の現在　丹辺宣彦・岡村徹也・山口博史 編著　四六〇〇円
- 外国人単純技能労働者の受け入れと実態 ―技能実習生を中心に　坂　幸夫　一五〇〇円
- 歴史認識と民主主義深化の社会学　庄司興吉編著　四二〇〇円
- 主権者の社会認識―自分自身と向き合う　庄司興吉　二六〇〇円
- 主権者の協同社会へ ―新時代の大学教育と大学生協　庄司興吉　二四〇〇円
- 地球市民学を創る―地球社会の危機と変革のなかで　庄司興吉編著　三二〇〇円
- 社会学の射程―ポストコロニアルな地球市民の社会学へ　庄司興吉　三二〇〇円
- 社会的自我論の現代的展開　船津　衛　二四〇〇円
- 組織の存立構造論と両義性論 ―社会学理論の重層的探究　舩橋晴俊　二五〇〇円
- 階級・ジェンダー・再生産 ―現代資本主義社会の存続メカニズム　橋本健二　三二〇〇円
- 現代日本の階級構造―理論・方法・計量分析　橋本健二　四五〇〇円
- 国際社会学の射程　国際社会学ブックレット1 ―日韓の事例と多文化主義再考　西原和久・芝真里 編訳　一二〇〇円
- 国際移動と移民政策　国際社会学ブックレット2 ―社会学をめぐるグローバル・ダイアログ　有田伸・山本かほり・西原和久 編著　一〇〇〇円
- トランスナショナリズムと社会のイノベーション　国際社会学ブックレット3 ―越境する国際社会学とコスモポリタン的志向　西原和久　一三〇〇円
- 生協共済の未来へのチャレンジ　公益財団法人 生協総合研究所 生協共済研究会　二三〇〇円
- 二〇五〇年 新しい地域社会を創る ―「集いの館」構想と生協の役割　生協総合研究所編　一五〇〇円

※定価：表示価格（本体）＋税

〒113-0023　東京都文京区向丘 1-20-6　TEL 03-3818-5521　FAX03-3818-5514
Email tk203444@fsinet.or.jp　URL:http://www.toshindo-pub.com/

東信堂

- 市場都市イギリス・ヨークの近現代—市場再編と貧困地域　武田尚子　六九〇〇円
- 安藤昌益—社会学者から見た昌益論　橋本和孝　二五〇〇円
- 地域社会研究と社会学者群像—社会学としての闘争論の伝統　橋本和孝　五九〇〇円
- コミュニティ思想と社会理論　橋本和孝・吉原直樹・速水聖子 編著　二七〇〇円
- 有賀喜左衞門—社会関係における日本的性格　熊谷苑子　二三〇〇円
- 自然村再考　高橋明善　六四〇〇円
- 地域自治の比較社会学—日本とドイツ　山崎仁朗　五四〇〇円
- 日本コミュニティ政策の検証—自治体内分権と地域自治へ向けて　山崎仁朗編著　四六〇〇円
- 原発災害と地元コミュニティ—福島県川内村奮闘記　鳥越皓之編著　三六〇〇円
- 自治体行政と地域コミュニティの関係性の変容と再構築—「平成大合併」は地域に何をもたらしたか　役重眞喜子　四二〇〇円
- さまよえる大都市・大阪—「都心回帰」とコミュニティ　鰺坂学・徳田剛・西村雄郎・丸山真央 編著　三八〇〇円
- 地域のガバナンスと自治—平等参加・伝統主義をめぐる宝塚市民活動の葛藤　田中義岳　三四〇〇円
- 現代日本の地域分化—センサス等の市町村別集計に見る地域変動のダイナミックス　蓮見音彦　三八〇〇円
- 現代日本の地域格差—二〇一〇年・全国の市町村の経済的・社会的ちらばり　蓮見音彦　二三〇〇円
- 社会制御過程の社会学　舩橋晴俊　九六〇〇円
- 組織の存立構造論と両義性論—社会学理論の重層的探究　舩橋晴俊　二五〇〇円
- 「むつ小川原開発・核燃料サイクル施設問題」研究資料集　舩橋晴俊・金山行孝・茅野恒秀 編著　一八〇〇〇円
- 新版 新潟水俣病問題—加害と被害の社会学　飯島伸子・舩橋晴俊 編　三八〇〇円
- 環境問題の社会学—環境制御システムの理論と応用　茅野恒秀・湯浅陽一 編著　三六〇〇円
- 被災と避難の社会学　関礼子編著　二三〇〇円

※定価：表示価格（本体）＋税

〒113-0023　東京都文京区向丘1-20-6　TEL 03-3818-5521　FAX03-3818-5514
Email tk203444@fsinet.or.jp　URL:http://www.toshindo-pub.com/

東信堂

蔑まれし者たちの時代—現代国際関係の病理	ベルトランド・バディ著 福富満久訳	二四〇〇円
サステナビリティ変革への加速	国際基督教大学社会科学研究所 上智大学グローバル・コンサーン研究所編	二七〇〇円
緊迫化する台湾海峡情勢—台湾の動向二〇一九～二〇二一年	門間理良	三六〇〇円
ウクライナ戦争の教訓と日本の安全保障	神余隆博 松村五郎著	一八〇〇円
「ソ連社会主義」からロシア資本主義へ—ロシア社会と経済の100年	岡田進	三六〇〇円
パンデミック対応の国際比較	川上高司 石井貫太郎編著	二〇〇〇円
リーダーシップの政治学	石井貫太郎	一六〇〇円
2008年アメリカ大統領選挙—オバマの当選は何を意味するのか	吉野孝 前嶋和弘編著	二〇〇〇円
オバマ政権はアメリカをどのように変えたのか—支持連合・政策成果・中間選挙	吉野孝 前嶋和弘編著	二六〇〇円
オバマ政権と過渡期のアメリカ社会—選挙、政党、制度、メディア、対外援助	吉野孝 前嶋和弘編著	二四〇〇円
オバマ後のアメリカ政治—二〇一二年大統領選挙と分断された政治の行方	吉野孝 前嶋和弘編著	二五〇〇円
危機のアメリカ「選挙デモクラシー」—社会経済変化からトランプ現象へ	吉野孝 前嶋和弘編著	二七〇〇円
ホワイトハウスの広報戦略—大統領のメッセージを国民に伝えるために	M・J・クマー著 吉牟田剛訳	二八〇〇円
「帝国」の国際政治学—冷戦後の国際システムとアメリカ	山本吉宣	四七〇〇円
国際関係入門—共生の観点から	黒澤満編	一八〇〇円
国際共生とは何か—平和で公正な社会へ	黒澤満編	二〇〇〇円
国際共生と広義の安全保障	黒澤満編	二〇〇〇円
現代アメリカのガン・ポリティクス	鵜浦裕	二〇〇〇円
暴走するアメリカ大学スポーツの経済学	宮田由紀夫	二六〇〇円
グローバル化と地域金融	内田真人 福光寛編著	三二〇〇円
現代国際協力論—学融合による社会科学の試み	柳田辰雄編著	三二〇〇円

※定価：表示価格（本体）＋税

〒113-0023　東京都文京区向丘 1-20-6　TEL 03-3818-5521　FAX03-3818-5514
Email tk203444@fsinet.or.jp　URL:http://www.toshindo-pub.com/

東信堂

ベーシック条約集〔二〇二三年版〕　編集代表　浅田正彦　二六〇〇円
ハンディ条約集〔第2版〕　編集代表　浅田正彦　一六〇〇円
国際法〔第5版〕　浅田正彦編著　三〇〇〇円
国際環境条約・資料集　編集　松井・富岡・田中・薬師寺・坂元・高村・西村　八六〇〇円
国際人権条約・宣言集〔第3版〕　編集　松井・薬師寺・坂元・小畑・徳川　三八〇〇円
国際機構条約・資料集〔第2版〕　編集代表　香西　茂・安藤仁介　三二〇〇円
判例国際法〔第3版〕　編集代表　薬師寺・坂元・浅田・酒井　三九〇〇円

国際法新講〔上〕〔下〕　田畑茂二郎　〔上〕二九〇〇円　〔下〕二七〇〇円
ウクライナ戦争をめぐる国際法と国際政治経済　浅田正彦・玉田大　編著　二六〇〇円
現代国際法の潮流Ⅰ・Ⅱ【坂元茂樹・薬師寺公夫両先生古稀記念論集】　編集　浅田・桐山・徳川・西村・樋口　各八四〇〇円
21世紀の国際法と海洋法の課題　編集　松井・富岡・坂元・薬師寺・桐山・西村　七八〇〇円
国際海洋法の現代的形成　田中則夫　六八〇〇円
在外邦人の保護・救出—朝鮮半島と台湾海峡有事への対応　武田康裕編著　四二〇〇円
国際法で読み解く外交問題　坂元茂樹　二八〇〇円
国際海峡　坂元茂樹編著　四六〇〇円
条約法の理論と実際　坂元茂樹　編集　松井芳郎・木棚照一・薬師寺公夫・山形英郎　四二〇〇円
グローバル化する世界と法の課題　編集　松田竹男・田中則夫・薬師寺公夫・坂元茂樹　八二〇〇円
現代国際法の思想と構造Ⅰ—歴史、国家、機構、条約、人権　六二〇〇円
現代国際法の思想と構造Ⅱ—環境、海洋、刑事、紛争、展望　六八〇〇円
　編集　松田竹男・田中則夫・薬師寺公夫・坂元茂樹
日中戦後賠償と国際法　浅田正彦　五二〇〇円
国際環境法の基本原則　松井芳郎　三八〇〇円
大量破壊兵器と国際法　阿部達也　五七〇〇円
サイバーセキュリティと国際法の基本—国連における議論を中心に　赤堀　毅　二〇〇〇円

国際法・外交ブックレット

為替操作、政府系ファンド、途上国債務と国際法　中谷和弘　一〇〇〇円
イランの核問題と国際法　浅田正彦　一〇〇〇円
もう一つの国際仲裁　中谷和弘　一〇〇〇円
化学兵器の使用と国際法—シリアをめぐって—　浅田正彦　一〇〇〇円
国際刑事裁判所—国際犯罪を裁く—　尾﨑久仁子　一〇〇〇円
気候変動問題と国際法　西村智朗　一〇〇〇円

※定価：表示価格（本体）＋税

〒113-0023　東京都文京区向丘 1-20-6　TEL 03-3818-5521　FAX03-3818-5514
Email tk203444@fsinet.or.jp　URL:http://www.toshindo-pub.com/

東信堂

責任という原理—科学技術文明のための倫理学の試み〔新装版〕	H・ヨナス 加藤尚武監訳	四八〇〇円
主観性の復権—心身問題から『責任という原理』へ	H・ヨナス 宇佐美・滝口訳	二〇〇〇円
ハンス・ヨナス「回想記」	H・ヨナス 盛永・木下・馬渕・山本訳	四八〇〇円
生命の神聖性説批判	H・クーゼ著 飯田・石川・小野谷・片桐・水野訳	四六〇〇円
生命科学とバイオセキュリティ—デュアルユース・ジレンマとその対応	四ノ宮成祥 河原直人 編著	二四〇〇円
医学の歴史	今井道夫 石渡隆司 監訳	四六〇〇円
安楽死法：ベネルクス3国の比較と資料	盛永審一郎監修	二七〇〇円
死の質—エンド・オブ・ライフケア世界ランキング	丸祐一・小野谷加奈恵・飯田亘之訳	一二〇〇円
バイオエシックスの展望	坂井昭宏 松浦悦子 編著	三二〇〇円
死生学入門—小さな死・性・ユマニチュード	大林雅之	二〇〇〇円
生命の問い—生命倫理学と死生学の間で	大林雅之	二〇〇〇円
生命の淵—バイオシックスの歴史・哲学・課題	大林雅之	二〇〇〇円
今問い直す脳死と臓器移植〔第2版〕	澤田愛子	二〇〇〇円
キリスト教から見た生命と死の医療倫理	浜口吉隆	二三八一円
動物実験の生命倫理—個体倫理から分子倫理へ	大上泰弘	四〇〇〇円
医療・看護倫理の要点	水野俊誠	二〇〇〇円
テクノシステム時代の人間の責任と良心	H・レンク 山本・盛永訳	三五〇〇円
〔ジョルダーノ・ブルーノ著作集〕より		
カンデライオ	加藤守通訳	三二〇〇円
聖灰日の晩餐	加藤守通訳	三二〇〇円
原因・原理・一者について	加藤守通訳	三二〇〇円
傲れる野獣の追放	加藤守通訳	四八〇〇円
天馬のカバラ	加藤守通訳	三二〇〇円
英雄的狂気	加藤守通訳	三六〇〇円
ロバのカバラ—ジョルダーノ・ブルーノにおける文学と哲学	N・オルディネ 加藤守通監訳	三六〇〇円

※定価：表示価格（本体）＋税

〒113-0023　東京都文京区向丘 1-20-6　TEL 03-3818-5521　FAX03-3818-5514
Email tk203444@fsinet.or.jp　URL:http://www.toshindo-pub.com/

東信堂

- オックスフォード キリスト教美術・建築事典　P&L・マレー著　中森義宗監訳　三〇〇〇〇円
- イタリア・ルネサンス事典　J・R・ヘイル編　中森義宗監訳　七八〇〇円
- 美術史の辞典　P・デューロ他　中森義宗・清水忠訳　三六〇〇円
- 涙と眼の文化史—中世ヨーロッパの標章と恋愛思想　徳井淑子　三六〇〇円
- 青を着る人びと　伊藤亜紀　三五〇〇円
- 社会表象としての服飾—近代フランスにおける異性装の研究　新實五穂　三六〇〇円
- 病と芸術—「視差」による世界の変容　中村高朗編著　一八〇〇円
- 象徴主義と世紀末世界　中村隆夫　二六〇〇円
- イギリスの美、日本の美—ラファエル前派と漱石、ビアズリーと北斎　河村錠一郎　二六〇〇円
- 美を究め美に遊ぶ—芸術と社会のあわい　江藤光紀・荻野厚志・田中佳編著　二八〇〇円
- バロックの魅力　小穴晶子編　二六〇〇円
- 新版 ジャクソン・ポロック　藤枝晃雄　二六〇〇円
- 西洋児童美術教育の思想—ドローイングは豊かな感性と創造性を育むか？　要真理子・前田茂監訳　三六〇〇円
- ロジャー・フライの批評理論—知性と感受性の間で　要真理子　四二〇〇円
- レオノール・フィニ—境界を侵犯する新しい種　尾形希和子　二八〇〇円

〔世界美術双書〕

- バルビゾン派　井出洋一郎　二〇〇〇円
- キリスト教シンボル図典　中森義宗　二三〇〇円
- パルテノンとギリシア陶器　関隆志　二三〇〇円
- 中国の版画—唐代から清代まで　小林宏光　二三〇〇円
- 象徴主義—モダニズムへの警鐘　中村隆夫　二三〇〇円
- 中国の仏教美術—後漢代から元代まで　久野美樹　二三〇〇円
- セザンヌとその時代　浅野春男　二三〇〇円
- 日本の南画　武田光一　二三〇〇円
- 画家とふるさと　小林忠　二三〇〇円
- ドイツの国民記念碑—一八一三—一九一三年　大原まゆみ　二三〇〇円
- 日本・アジア美術探索　永井信一　二三〇〇円
- インド、チョーラ朝の美術　袋井由布子　二三〇〇円
- 古代ギリシアのブロンズ彫刻　羽田康一　二三〇〇円

※定価：表示価格（本体）＋税

〒113-0023　東京都文京区向丘 1-20-6　TEL 03-3818-5521　FAX03-3818-5514
Email tk203444@fsinet.or.jp　URL:http://www.toshindo-pub.com/